법교육의 이해와 실제

박 용 조

교육과학사

머리말

1990년 미국의 법교육(law-related education)을 처음 접한 이후, 필자는 주로 사회과교육(social studies education) 관련 서적과 학술지 등을 통해 법교육에 관한 정보를 얻었다. 그러나 필요에 따라 그때그때 자료를 찾다 보니, 정보가 단편적으로 흩어져 있어 법교육의 전체 모습을 조망하기가 쉽지 않았다.

대학에 재직하면서 법교육 관련 논문을 발표할 기회가 늘어나자, 자연스럽게 관련 논문과 서적도 점차 축적되었다. 하지만 연구 주제에 필요한 자료들만 누적될 뿐, 법교육 전체를 체계적으로 정리하거나 종합적으로 고찰할 기회는 많지 않았다. 더구나 재직 중인 대학에 법교육 관련 강좌가 개설되어 있지 않아, '법교육'이라는 단일 주제를 본격적으로 탐구하는 작업이 다소 늦어진 점도 있었다. 물론 이는 필자의 게으름을 합리화하기 위한 핑계일지도 모른다.

최근 우리나라 사회과 교육과정에서 '법'이 독립된 영역으로 자리 잡고, 법교육이 점차 전문화되는 시점에 이르렀다. 이러한 흐름 속에서 필자가 근무하는 대학에도 법교육 관련 강좌가 새로 개설되었다. 이에 따라 법교육을 하나의 독립된 주제로 정리하고, 이를 책으로 엮어 예비 교사·교사·연구자 등 법교육에 관심 있는 분들과 공유해야 할 필요성을 느꼈다.

이 책은 1960년대 미국에서 성립된 법교육의 발전에 기반하여, 초·중등학교에서 법교육을 체계적으로 도입할 때 하나의 '교육과정'으로서 법교육을 이해하고 실천하는 데 도움을 주고자 한다. 이를 위해 본문은 크게 '법교육 일반'(Ⅰ장 ~ Ⅳ장)과 '교육과정으로서의 법교육'(Ⅴ장~Ⅷ장) 두 부분으로 구성하였다.

법교육 일반에서는 법교육의 정의, 등장 배경, 변천 과정, 유형 등을 다루었으며, 미국 법교육의 역사적 흐름을 바탕으로 법교육의 성립과 발전을 쉽게 이해할 수 있도록 구성하였다.

교육과정으로서의 법교육은 목표, 내용, 방법, 평가라는 일반적인 교육과정의 틀을 따르되, 다른 교육과정과 뚜렷이 차별화되지 않는 '평가' 부분은 제외하고, 목표-내용-방법의 순으로 정리하였다. 특히 '내용' 부분에서는 우리나라 시기별 교육과정에 포함된 법 관련 내용을 모두 수록하여, 한국 법교육의 변천 과정 전반을 조망할 수 있도록 하였다. 이를 통해 이 책이 한국 법교육의 실천 및 연구를 위한 기초 자료로 활용되기를 기대한다.

아울러 이 책은 법교육에 대한 이해를 심화하기 위해, 법교육과 밀접하게 연관된 사회문제(Ⅸ장)와 법사회화(Ⅹ장)도 함께 다루었다. 물론 이 책에서 다루지 못한 법교육 관련 사회문제와 주제들도 존재하며, 앞으로 새롭게 제기될 것이다. 이는 향후 이 책이 지속적으로 보완되고 발전되어야 함을 의미한다.

이 책이 법교육의 이해와 실천에 작은 보탬이 되기를 바란다. 부족한 부분에 대해서는 독자 여러분의 너그러운 조언과 비판을 부탁드린다. 끝으로, 이 책이 세상에 나올 수 있도록 아낌없는 도움을 주신 이대성 박사님, 정필운 교수님, 그리고 이지혜 교수님께 깊이 감사를 드린다. 아울러 출판을 위해 힘써 주신 교육과학사 이주표 부장님과 이정호 실장님께도 감사의 뜻을 표한다.

2025년 11월 24일

박 용 조

목차

CHAPTER I

법교육이란?

우리는 일상생활에서 무수한 법을 접하고 있으며, 법이 행위의 중요한 판단 기준임을 인식하고 있다. 일생생활을 위한 기초 소양으로서 법교육이 필요한 것이다. 본 장에서는 법과 교육의 합성어로서 법교육의 의미를 알아보고, 미국과 한국에서의 법교육의 정의를 확인해 본다.

1. 법, 교육 그리고 법교육

우리는 일상생활에서 법의 존재를 잊은 채 살아간다. 그러나 우리는 살아가면서 당면하는 사안들을 해결하는 과정에서 비로소 법을 의식하게 되고 수많은 법망 속에서 살아가고 있다는 것을 실감하게 된다. 우리가 일상생활에서 '법'이라는 말을 떠올릴 때, 가장 먼저 연상하는 용어는 '질서, 안전', '권위, 권력' 등이다.[1] 법은 딱딱하고 강제적이라는 느낌을 가지고 있는 것이다. 그리고 법에 관한 지식에 대하여서도 사람들은 대체로 부정적이

1) 이유봉, 『2023년 국민법의식 실태조사』 (세종: 한국법제연구원, 2024), 110.

어서 법은 알고 싶지 않은 것이면서 알기도 어려운 것으로 인식하고 있다.

오늘날, 생활 속에서 법의 기능이나 그 중요성은 널리 인식되고 있다. 이것은 우리가 당면한 사안에 대한 가치 판단을 할 때 관습이나 전통, 권위나 권력, 도덕과 규범보다도 법을 우선적 기준으로 삼고 있기 때문이다.[2] 우리는 법의 존재를 인식하며 살아가야 하는 것이다.

이처럼 법은 우리의 일상생활에서 최우선 판단 기준이 되는 것이어서 반드시 알아야 하고, 사회 구성원 모두가 공유해야 할 대상인 것이다. 따라서 법은 국민 일반이 알아야 할 기초 소양으로서 법에 대한 교육, 즉 법교육은 누구에게나 필요한 것이다.

법교육(law-related education)은 교육법(education law)과 구별된다. 법교육은 '법'과 '교육'의 합성어로서 '법'은 '교육'의 대상이 되는 내용을 말하며 교육학의 한 영역이 된다. 비교되는 용어로서 교육법은 '교육'과 '법'의 합성어로서 '교육'은 '법'의 내용 영역으로 법학의 한 분야가 된다.

법교육은 법학교육(legal education)과 구별된다. 법교육은 적용 대상 및 목표 면에서 모든 국민 즉, 학생 및 일반인의 법적 기초 소양의 발달을 추구한다. 반면, 법학교육은 대학의 법과대학 및 법학전문대학원에서 학생들의 법전문성을 추구하여 법조인을 기르는 전문교육이다.

법교육이 의미하는 바를 다양한 기준으로 제시할 수 있겠으나,

2) 이유봉, 『2023년 국민법의식 실태조사』, 101.

법교육을 명확하게 정의하고 있는 것은 법교육지원법(2008년 제정)이다. 그 내용은 다음과 같다.

> "법교육"이란 청소년 및 일반 국민에게 법에 관한 지식과 기능, 법의 형성과정, 법의 체계, 법의 원리 및 가치 등의 제공을 통하여 민주시민으로서 필요한 법적 이해능력, 합리적 사고 능력, 긍정적 참여 의식, 질서 의식, 헌법적 가치관 등을 함양함을 목적으로 하는 법과 관련된 일체의 교육을 말한다.

법교육지원법에 의하면, 법교육의 대상은 청소년 및 일반 국민이고, 그 내용은 법에 관한 지식과 기능 그리고 가치 등이며, 민주시민으로서 필요한 능력을 기르는 것을 목표로 한다.

우리나라 법교육에 영향을 미친 미국의 법교육지원법(Law-Related Education Act of 1978)에서도 법교육을 다음과 같이 정의하고 있다.

> 법교육은 청소년들이 민주적인 정부 체계에 대한 믿음과 존중을 발전시켜 지적이며 책임 있는 시민이 되도록 하는 필수적인 요소이며, … 이러한 목표를 달성하기 위한 "법교육"은 비법률가에게 법, 법절차 및 법체계에 관한 지식과 기능 그리고 그 기초가 되는 근본 원리와 가치를 갖추도록 하는 교육을 의미한다.

미국의 법교육지원법에서도 법교육의 대상은 비법률가인 일반 국민이고, 그 내용은 법과 관련된 지식, 기능, 가치 등이며, 이를 통하여 민주주의 체제를 존중하고 책임 있는 시민을 기르는 것을 목표로 한다.

한국과 미국 모두 크게 보아 법교육에 대하여 동일한 정의를 내리고 있다. 즉 법교육이란 학생 및 일반 국민에게 법과 관련된 지식, 기능, 가치・태도를 갖추도록 하여 민주 시민으로서의 자질을 기르는 교육을 말하는 것이다.

2. 법교육의 다양한 표현

법교육은 1962년 미국에서 성립하였다. 이후 법교육은 미국 전역의 학교에 급속하게 적용되어 1960~70년대 나타난 활동 및 프로젝트만 하더라도 수백여 개에 이르며, 이들 활동 및 프로그램을 통칭하여 law studies, law-focused education, law-related education 등으로 표현하고 있었다.

law studies는 미국 '법교육의 아버지'로 불리는 이시도르 스타(Isidore Starr)가 1930년대부터 학교에 적용하였던 일련의 법교육 활동을 이르는 말이며, law-focused education은 일리노이주, 아이오와주, 텍사스주 등에서 개발・적용한 다양한 법교육 활동 및 프로그램 등에 사용된 용어이다.

미국변호사협회(American Bar Association)는 1971년에 학교 법교육 활동을 지원하기 위하여 청소년 시민성교육 특별위원회(Special Committee on Youth Education for Citizenship)를 설립하였다. 특별위원회는 스타(Starr)가 사용했던 'law studies'를 'law-related education'으로 용어를 변경하였으며, 이를 줄인 'LRE'

는 당시 전국의 지역 변호사협회가 지원하는 다양한 프로그램들의 약어가 되었다.[3] LRE는 법교육(law-related education)의 약어로서 오늘날까지 사용되고 있다.

한편, 우리나라에서는 1960년대 이후 초 · 중등학교 사회과에서 법 영역의 교수 · 학습 활동을 지칭하는 용어로 법제교육, 법률교육, 법교육 등이 사용되어 왔다. 이후 1990년을 전후해 미국의 'law-related education'이 '법교육'으로 번역 · 소개되면서, 미국의 법교육 개념이 국내에 도입되었다.[4] 이러한 과정을 거쳐, 오늘날 한국에서 '법교육'이라는 용어는 미국의 'law-related education' 뿐만 아니라 초 · 중등학교 및 관련 교육기관에서 이루어지는 법 관련 교육 활동 전반을 포괄하는 보다 넓은 의미로 사용되고 있다.

3) Paul Knepper, "Three Decades of Law-Related Education," in *Law-Related Education and Juvenile Justice: Promoting Citizenship among Juvenile Offenders*, ed. Deborah Williamson, Kevin I. Minor, and James Walker Fox (Springfield, IL: Charles C Thomas Publisher, Ltd., 1997), 12.

4) 박용조, "한국 학교 법교육의 전개 양상," 『사회과교육연구』 6, No.2 (2009): 10.

CHAPTER

Ⅱ 법교육의 등장

오늘날과 같은 의미의 법교육은 미국에서 발생하였으며 여러 과정을 거치면서 발전해 왔다. 본 장에서는 법교육의 기원, 학교 법교육 운동, 법교육의 등장 배경 등을 알아본다.

1. 법교육의 기원

학교에서 법에 대한 교육은 다양한 형식으로 오랫동안 이루어져 왔다. 그러나 시민성교육의 일환으로 교육 내용을 법과 관련시켜 접근하는 오늘날과 같은 의미의 법교육은 '법교육의 아버지'로 불리는 스타(Starr)의 활동에서 그 기원을 찾는다. 스타(Starr)는 자신의 법교육을 law studies라고 명명하고, 1930년대부터 1950년대의 초기까지 법교육을 제안한 유일한 사람이었다.

1934년 스타(Starr)는 세인트존스대학교 법학전문대학원(St. John's University School of Law)에 다니면서 브루클린 기술고등학교 공민 교사로서 재직하게 되었고, 공민 수업에 자신이 법학전문대학원에서 접하게 된 법적 사례를 처음으로 도입하였다. 이러한 활동은 그의 다음과 같은 행적에서 알 수 있다.

이시도르는 경찰서의 부서를 단순히 나열하는 이전의 수업 방식 대신 질문하는 것으로 시작했다. 그는 학생들에게 경찰이 용의자로부터 정보를 얻기 위해 고문을 사용하는 심문에 대한 개념을 제시하고 이를 어떻게 생각하는지 질문했다. 이시도르는 "교실의 분위기가 바뀌었어요. 학생들과 어떤 상황에서 무엇이 옳고 무엇이 그른지를 판단하는 도덕적 추론에 대하여 논의하기 시작했습니다." 법에 초점을 두었던 첫 수업에서 매우 긍정적인 반응을 얻은 후, 이시도르는 가능한 한 수업에서 법을 도입하기 시작했다.[1)]

그리고 스타(Starr)를 놀라게 한 것은 법과 관련한 토론이 학생들의 관심과 사고의 질에 미치는 효과였다. 스타(Starr)는 사회과에서 법의 활용이 교과서 내용의 피상적인 해설에서 벗어나 가치 갈등, 의사 결정의 본질, 그리고 우리 사회의 가치 체계에 대해 탐색하는 사례연구(case study)로 나아가게 하는 중요한 수단이라는 것을 알기 시작했던 것이다.[2)]

스타(Starr)는 자신이 실천해 왔던 활동을 바탕으로 1951년부터 1963까지 미국사회과교육협회(National Council for the Social Studies)의 학술지 Social Education에 '최신 연방대법원 판례'라는 제목의 칼럼을 시리즈로 게재하여 인기를 끌었다. 그는 이 시리즈를 통하여 법학전문대학원에서 전통적으로 활용해 왔던 사례연구법을 소개하고 공공의 논쟁문제에 적용하여 가르칠 것을 권장하

1) "In Memoriam: Isidore Starr (1911–2018)," National Council for the Social Studies, accessed October 25, 2025, https://www.socialstudies.org/tssp/memoriam-isidore-starr-1911-2018.

2) Isidore Starr, "The Law Studies Movement: A Memoir," *Peabody Journal of Education*, 55, no. 1 (1977): 6.

였다.[3)]

법교육은 스타(Starr)가 사회과 교실에서 시민성교육을 실천하는 과정에서 전통적인 시민성교육이 가진 한계, 즉 학문 중심적이고, 비현실적이면서 편협하며, 당면한 사회적 쟁점을 다루지 않으면서 법과 법적 쟁점을 생략하고 있었던[4)] 문제를 극복하려는 과정에서 싹튼 것이었다.

2. 학교 법교육 운동의 3대 사건

개인 차원에서 시작된 법교육이 학교에서의 교육과정 운동으로 전환하게 된 것은 1962년 미국에서 있었던 다음 3대 사건에서 찾고 있다.[5)]

첫째는 미국사회과교육협회와 시민자유교육재단(Civil Liberties Educational Foundation)이 공동으로 개최한 **윌리엄스타운 워크숍**(Williamstown Workshop)이다. 미국사회과교육협회 부회장이었던 스타(Starr)와 시민자유교육재단 이사장 미나 포스트 페이서(Minna Post Peyser)가 협력하여 1962년 6월 29일부터 2주간의

3) Knepper, "Three Decades of Law-Related Education," 7.
4) Roland Case, *On the threshold: Canadian Law-Related Education* (Vancouver: University of British Columbia, 1985), 4.
5) Joseph E. O'Brien, *An Analysis of the Relationship Between the Federal Government and National Law-Related Education Projects – 1962–1987* (PhD diss., University of Virginia, 1991), 43.; Sherry Feinstein and Robert W. Wood, *History of Law-Related Education* (Vermillion, SD: School of Education, University of South Dakota, 1995), ED401163, 9.

워크숍을 개최하였다. 워크숍의 목적은 학교에서의 권리장전 교육 개선을 위한 프로그램을 개발하는 것이었다. 워크숍에는 미국사회과교육협회가 추천한 9명의 고등학교 사회과 교사와 예일 법학전문대학원과 컬럼비아대학교 교수들이 참석했다. 워크숍을 통해 "고등학교 권리장전 교육 개선 프로그램"이라는 제목의 윌리엄스타운 보고서가 작성되었으며, 여기서는 시민의 자유를 위한 교수 계획으로서 사례연구를 제시하고 자유, 평등, 정의의 개념이 사례연구를 구성하는 데 도움이 된다고 제안했다.[6] 학생들이 권리 및 책임과 관련된 문제에 참여할 수 있는 현실적인 프로그램을 권고했던 것이다. 시민자유교육재단은 윌리엄스타운 보고서를 전국의 교육자들에게 배포하였다.[7]

둘째는 1962년 11월, 필라델피아에서 열린 미국사회과교육협회 연차대회에서 행한 미국 연방대법원 판사 **윌리엄 브레넌(William Brennan)**의 기조연설이다. 그는 "권리장전 교육(Teaching the Bill of Rights)"이라는 제목의 연설에서 시민의 자유에 대해 가르치는 정당성과 수단뿐만 아니라 이 과정에 법조계가 참여해야 하는 이유를 제시했다. 그는 권리장전 교육을 해야 하는 이유는 시민 개개인이 배심원이 되어 형사 피고인의 생명을 판단하게 된다면 시민의 기본권에 대한 이해 부족이나 민감성 부족이 얼마나 위험한 결과를 초래하게 될 지를 생각해보면 의심의 여지가 없다고 했다. 그리고 시민권에 대한 비교 연구 접근 방식을 권고하고 사례연구의 활용을 촉구했다. 또한 권리장전을 자유의 원천으로만 보는 것

6) O'Brien, *An Analysis of the Relationship*, 43.
7) Knepper, "Three Decades of Law-Related Education," 7.

과 시민권의 '권리' 측면을 너무 많이 강조하고 보호하는 반면 시민의 중요한 책임에 대해서는 너무 적게 언급하는 것에 대해 경고했다. 브레넌은 그의 법조 동료들에게 청소년들의 권리에 대한 이해와 존중을 향상시키기 위해 노력하는 교사들을 지원할 것을 촉구했다.[8)]

셋째는 1962년 11월 버지니아 워렌턴(Warrenton)에서 열린 **에얼리 하우스(Airlie House) 회의**이다. 연방 대법관 브레넌과 윌리엄 오빌 더글라스(Willian Orville Douglas)가 공동의장으로 개최한 회의에 미국사회과교육협회, 미국정치학회, 미국법학전문대학원협회의 지원을 받은 교육자, 법률 전문가, 시민 지도자 90명이 참석했다. 이들은 "헌법과 법은 행위 결정의 기초이며 제재이다. 우리는 법의 의미와 본질을 발견하고 학생들이 발견하고 있는 세계 속에서 법의 위치를 조명하는 데 더 많은 관심이 학교에 주어져야 한다고 믿는다."라고 결의하였다. 이러한 결의로 법교육 운동이 알려지게 되기 시작하였다.[9)] 에얼리 하우스 회의는 시민자유교육재단을 권리장전 교육에 관한 국가위원회(National Assembly on the Teaching of the Bill of Rights)로 명칭을 바꾸고, 파이저의 주도하에 판사, 법학 및 교육학 학장, 대학 총장, 교육감, 역사, 법학, 정치학, 철학 및 교육학 교수 등 우수한 전문가를 회원으로 모았다. 국가위원회는 루이빌 대학, 드레이크 대학, 포틀랜드 주립대학, 시카고 사범대학 등에서의 권리장전에 관한 워크숍, 여름 연수회 및 강좌를 지원하였다.[10)]

---

8) O'Brien, *An Analysis of the Relationship*, 44-45.
9) Knepper, "Three Decades of Law-Related Education," 7-8.

스타(Starr)가 관여한 1962년의 윌리엄스타운 워크숍, 미국사회과교육협회 연차대회에서의 미국 연방 대법관 브레넌의 연설, 그리고 에얼리 하우스회의 이 세 가지는 법교육이 하나의 교육과정 운동으로 탄생토록 한 밑거름이 된 것일 뿐만 아니라 오늘날까지 지속되고 있는 법교육의 기조를 확립한 것[11])으로 평가되고 있다.

이 시기에 나타난 법교육의 특징은 다음과 같다.

첫째, 권리장전에 대한 교수(teaching)의 강조와 법교육의 교수방법으로서 사례연구의 중요성이 확립되었다. 미국에서 권리장전은 역사적 사회적 계약이고 인간의 존엄성과 직접 관련 있는 것이기 때문에 민주주의와 시민성교육의 수단으로 오랫동안 지속적으로 선택되어 온 것이었지만 획기적인 것은 수업 방법의 쇄신이었다. 오늘날과 같은 사례연구가 실천되었고, 그리하여 적절성이라는 사회과의 목표를 달성할 수 있었다. 사례연구는 사실의 수집, 쟁점의 명료화, 정보의 분석, 식견 있는 의사 결정을 내리도록 돕는다. 이것은 학생들이 바라는 바와 교육자의 목적과 일치하는 것이었다. 사례연구의 활용은 법교육 운동의 핵심적인 부분이었다.[12])

둘째, 교육 단체와 법조 단체가 협력하여 법교육을 추진하는 기반을 마련했다는 점이다. 그러나 법교육에 대한 관심이 높았음에도 불구하고, 실제로 교실에서 개발되어 실천된 프로그램은 거의 없었다. 여기에는 교육자, 전문 법조인, 법률행정가, 지역사회 구

---

10) O'Brien, *An Analysis of the Relationship*, 45-46.
11) O'Brien, *An Analysis of the Relationship*, 43.
12) 박용조, "초등사회과에서 법교육의 적용과 변천—미국 법교육이 주는 시사," 『사회과교육연구』 18, No.1 (2011): 22.

성원 간의 의사소통의 부족과 같은 다양한 요인이 있었다. 또한 교육적 요구에 적합한 교육과정의 부족, 교사 훈련의 부족, 전통적인 수업 방법, 기존의 주도적인 교육과정에서 비롯된 문제 등에 의해 더 큰 장애가 형성되어 있었다.[13)]

셋째, 중등학교 법교육 대한 관심이 주류를 이루었다. 미국의 경우, 중등학교에서 법교육의 필요성 먼저 제기될 수밖에 없었던 것은 법에 관한 내용이 집중되어 있는 공민, 정부 과목이 중등학교 사회과에 편제해 있었기 때문이다. 따라서 중등학교 교사들이 법 관련 내용에 대한 교수·학습에 관심을 가지는 것과 이들에게 연수의 필요성이 제기되는 것은 자연스러운 것이었다.[14)]

3. 법교육의 등장 배경

1) 법에 대한 무지

교육심리학자인 허만 헨리 렘머스(Hermann Henry Remmers)는 1951년 퍼듀 청소년 여론 조사(Purdue Youth Opinion Poll)를 통하여 민주주의에 대한 고등학생들의 태도를 파악하고자 하였다. 특히 미국 수정 헌법이 보장하는 기본적인 시민의 자유를 내용으로 하는 설문에서 학생들은 놀랍게도 권리장전에 대해 무지하다는 결과를 보여주었다. 실제로, 학생들 중 60%는 경찰이나 미국 연방

13) Feinstein and Wood, *History of Law-Related Education*, 10-11.
14) 박용조. "초등사회과에서 법교육의 적용과 변천," 22.

수사국(FBI)이 남성을 설득하거나 정보를 얻기 위해 강도 높은 심문(third degree)을 하는 것이 때때로 정당할 수 있다고 동의했으며, 평화롭게 모여 연설만 할지라도 특정 집단의 공개 집회를 허용해서는 안 된다고 생각한 학생은 24%에 달했다.[15] 이러한 설문 결과에 대해 퍼듀 여론 조사위원회는 두 가지 중 하나는 사실이라고 결론지었다. 즉, 젊은이들이 권리장전을 진심으로 믿지 않거나, 응답 전에 설문의 의미 및 그 파급 효과를 충분히 고려하지 않았을 가능성이 있다는 것이다. 그러나 두 경우 모두 조사위원회는 "비극적" 상황으로 평가하였다.[16]

렘머스(Remmers) 등은 20년 동안 청소년의 의견을 측정한 결과를 요약하여 1963년 미국 학교의 반민주적 태도(Anti-Democratic Attitudes in American Schools)라는 제목의 보고서를 발행하였다. 보고서에서는 정치적, 개인적 자유와 같은 미국의 유산에 대하여 젊은이들의 이해와 인식에서 긍정적인 요소를 거의 찾지 못하였다고 기술하고 있다. 예를 들어, 언론 자유의 박탈은 1951년보다 1960년 고등학생들에게 덜 혐오스러운 것이었으며, 1960년 조사에 참여한 젊은이들 대다수(51%)는 "신문과 잡지는 군사 기밀을 제외하고 원하는 것은 무엇이든 인쇄할 수 있어야 한다."는 의견에 동의하지 않았다. 이것은 1951년에 비해 10% 증가한 것이었다.[17]

이와 같은 청소년들의 반민주적 태도는 법에 대한 무지에서 기

15) Stanley M. Elam, "Anti-Democratic Attitudes of High School Students in the Orwell Year," *Phi Delta Kappan* 65 (January 1984): 329.
16) Elam, "Anti-Democratic Attitudes," 328-329.
17) Elam, "Anti-Democratic Attitudes," 328.

인한 것으로 파악하고 있었으며 미래를 위해 해결해야 할 당면 문제였던 것이다.

2) 청소년 범죄의 증가

미국에서 범죄는 지속적으로 증가하여 왔으며, 특히 청소년 범죄 통계는 경고 신호를 보여 왔다. 법무부 대통령위원회는 전체 청소년의 90%는 청소년 법정으로 나아갈 수 있는 최소한의 하나의 죄는 범한다는 것을 확인하였다. 1965년 재산을 대상으로 하는 범죄를 저지른 수감자의 대부분은 21세 미만이었으며, 신체에 대한 범죄 중에서도 상당수가 21세 미만의 청소년들에 의해 저질러졌다. 청소년 범죄자의 재범률이 가장 높았다.

이러한 문제는 학교 자체의 범죄 및 혼란과 관련이 있다. 많은 학교에서 마약 판매, 기물 파손, 절도, 다른 학생, 교사, 행정직원에 대한 폭력 행위가 만연해 있었다. 점점 더 많은 학교에서 무장 경비원을 고용하여 질서를 유지하려고 노력하고 있었다.

더욱이 미국 청소년들은 법 집행 시스템에 대한 확신이 거의 없어서 자신들에 대한 범죄를 대부분 신고하지도 않는다는 것이다. 미국 법집행지원청(Law Enforcement Assistance Administration)의 당시 범죄 피해 연구에 따르면 성인은 10개의 범죄 중 5건은 신고하고, 12세에서 19세까지의 청소년은 10개의 범죄 사례에서 단지 3건만 신고하는 것으로 나타났다. 이것은 냉소주의와 무관심이 널리 퍼져 있음을 나타내는 것이었다. 법집행지원청의 선임 행정관 도널드 산타렐리(Donald Santarelli)는 오늘날 청소년들의 우

리 법과 사법 시스템에 관한 생각이 어떠한가를 매우 극적으로 보여준다고 하였다.[18)]

학교 관련 범죄의 실질적인 감소는 학교가 교수와 학습에 집중하도록 한다. 청소년 범죄 통계의 실질적인 감소는 국가의 총 범죄 수치를 크게 낮춘다. 청소년 범죄 행위는 사회적, 사회학적 조건의 크고 복합적인 하나의 세트에 의해 발생한다. 그러나 실증적 증거와 상식에 따르면 청소년들이 시스템을 합법적으로 이해하고 대처할 수 있도록 하는 교육은 무관심, 분노, 반사회적 행위를 감소시키는 결과를 가져온다. 이러한 이유로 시카고 범죄 위원회의 전 행정관인 피터 벤싱어(Peter Bensinger)는 "학교는 범죄를 처리하기 위한 시작점이다. 가정과 학교는 학습과 교육을 함께 할 수 있는 가장 대표적인 자원이다."라고 결론지었다.[19)]

3) 전통적인 시민교육의 대안 모색

미국에서의 시민교육은 주로 사회과의 정부나 역사 과목에서 가르쳐 왔다. 그러나 1960년대 연구에 따르면, 학생들은 이들 과목을 통하여 읽고 난 후 그것을 그대로 되뇌이는 학습 방법, 진부한 말과 맹목적 낙관주의 및 쇼비니즘(chauvinism), 그리고 무엇인지 보다는 무엇이 되어야 하는지에 대한 설명으로 점철된 학습 내용 등에 의해서 학생들이 학습으로부터 소외되어 있는 것으로

18) Joel F. Henning et al., *Law-Related Education in America: Guidelines for the Future* (Washington, DC: U. S. Department of Education, 1975), ED107555, 3.
19) Henning et al., *Law-Related Education*, 3.

나타났다. 공민 과목은 학생들의 정치와 법 현상에 대한 분석 능력을 향상시키지 못하였고 학생들에게 거의 영향을 미치지 못하였으며 학생들의 냉소와 소외감은 지속적으로 증가하는 것으로 나타났다.[20] 이러한 것은 학생들이 사회과 교육을 제대로 수용하지 못하였다는 것을 의미하며, 사회과 교육이 자신의 삶과 관련이 없고 사회과 수업 방법은 낡고 시대에 뒤떨어진 것이라고 인식되었던 것이다. 이러한 측면은 전통적인 시민교육으로서 사회과교육에 대한 개혁을 요청하였다.

여기에, 현재 러시아의 전신인 소련의 스푸트니크 쇼크(Sputnik Shock)는 시민 교육을 포함한 모든 교육의 방향을 바꾸는 계기가 되었으며 이러한 영향으로 나타난 "신사회과 운동(New Social Studies Movement)"은 교육 내용 및 방법에서 사회과학적 접근을 추구하였고 이를 구현하는 데 있어 전통적인 시민교육의 가치는 저하되었으며 새로운 접근으로서 법교육이 나타나는데 간접적인 영향을 미쳤던 것이다.[21]

20) Henning et al., *Law-Related Education*, 1.
21) Feinstein and Wood, *History of Law-Related Education*, 2-3.

CHAPTER Ⅲ

법교육의 변천

법교육은 다양한 단체와 기관의 등장 및 지원에 힘입어 여러 차원에서 시도되고 확산되어 왔다. 헌법권리재단 등의 설립으로 법교육의 기초가 형성되었고, 미국변호사협회의 지원과 더불어 다양한 프로젝트가 진행되었다. 더 나아가 국가 차원의 지원과 보급이 이루어졌으며, 법교육을 제도화하고 표준화하려는 노력이 있었다. 본 장에서는 1960년대 이후 법교육 변천 과정에서 나타난 여러 모습들을 살펴보고자 한다.

1. 다양한 단체 및 기관의 등장과 지원

학교 법교육 운동을 촉발한 역사적인 3대 사건 이후, 권리장전 교육을 권장하는 워크숍이 미국 각지에서 개최되었다. 이러한 노력은 캘리포니아주 로스앤젤레스의 헌법권리재단(Constitution Rights Foundation), 캘리포니아대학교 로스앤젤레스 공민교육위원회(Committee on Civic Education at the University of California, Los Angeles), 시카고의 미국 사회의 법 프로젝트(Law in American Society Project) 등 여러 재단과 기관을 통해 결실을 보았다. 이들의 활동은 오늘날 우리가 알고 있는 법교육의 토대가 되었다.

1) 헌법권리재단[1)]

1962년의 3대 사건을 계기로, 캘리포니아주 교육위원회는 권리장전 교육 개선의 필요성을 인식하고, 캘리포니아주 교육부의 권리장전 교육 현황 조사를 토대로 1963년 10월 다음과 같은 정책 성명을 발표하며 권리장전 교육을 위한 체계적이고 광범위한 노력을 시작했다.

> 캘리포니아 공립학교는 자유 정부의 원칙을 교육하여 학생들이 미국 시민권의 권리, 의무, 존엄성을 깊이 이해하도록 해야 한다. 이 분야의 교육은 논란의 여지가 있더라도 자유로운 토론의 장 안에서 이루어져야 한다고 우리는 믿는다. 권리장전의 역사와 더불어 그것이 제기하는 현대적 문제 또한 가르쳐야 한다.[2)]

비비안 먼로(Vivian Monroe)는 캘리포니아주 교육위원회의 정책을 시행하기 위해 1963년 헌법권리재단을 설립하고, 학생들의 권리장전 교육을 위해 교사들이 더 잘 준비할 수 있도록 자료집 개발을 지원하였다. 그 결과물이 바로 권리장전-교사를 위한 자

1) 헌법권리재단은 설립된 지 60년 후인 2023년부터 'Teach Democracy'로 재단 명칭을 변경하였다.
2) O'Brien, *An Analysis of the Relationship*, 58.

료집(The Bill of Rights-A Source Book for Teachers)이다. 이 자료집 개발에는 법학 교수와 수석 교사가 함께 참여했으며, 자료집은 권리장전 주요 내용에 대한 주제별 배경과 함께 사례 자료를 제공하여 이해를 돕고 있다. 이 책은 교육적 한계는 있었으나, 캘리포니아 교육자들에게 권리장전의 현대적 문제에 대한 체계적인 배경 지식을 제공했다.[3] 당시 헌법권리재단의 노력은 캘리포니아 주 지역 수준에 한정되어 있었다.

2) 캘리포니아대학교 로스앤젤레스 공민교육위원회

캘리포니아주 교육위원회는 에얼리 하우스 회의에서, 신설된 '권리장전 교육에 관한 국가위원회' 위원이자 캘리포니아주 권리장전교육 자문위원이던 법학대학원장 리처드 C. 맥스웰(Richard C. Maxwell)의 도움을 받아 1964년 공민교육위원회를 설립하였다. 위원회는 맥스웰을 비롯해 교육대학원장 하워드 E. 윌슨(Howard E. Wilson), 정치학과 교수 리처드 P. 롱거커(Richard P. Longaker) 등이 참여했으며, 정치학, 철학, 심리학, 사회학, 법학, 교육학 교수들로 구성된 학제적 성격의 위원회였다. 공민교육위원회는 학생들에게 사실 지식이나 민주적 태도 함양보다는 지적 기능 습득을 중시했다. 이를 위해 교사들에게 소크라테스식 방법과 모의재판, 의회 청문회, 다양한 중재 패널 설정 등 역할극 활동을 활용하

3) Marshall Croddy, "Constitutional Rights Foundation: An Anecdotal History," *Teach Democracy*, accessed July 15, 2024, https://teachdemocracy.org/r/50th/50th-year/constitutional-rights-foundation-an-anecdotal-history.

는 연수 프로그램을 제공하고 학생 사례집 및 교육 가이드도 준비했다.[4] 구체적인 활동 내용은 다음과 같다.

> 여러 교육구의 협력으로 18명의 초등학교 교사와 교장이 2명의 법학 교수가 공동으로 진행하는 단기 집중 '적법 절차' 연수 과정에 참석하고자 캘리포니아대학교 로스앤젤레스에 모였고, 그 다음 학기에 이들은 정규 교실에서 '적법 절차' 단원을 가르쳤다. 다양한 사회 경제적, 민족적 배경을 지닌 약 600명의 학생이 적법 절차에 관한 교육을 받았다. 이 광범위한 실험 프로그램의 평가는 고무적인 결과를 보여주었다. 위원회는 다양한 동기, 성취도, 배경을 가진 어린이들이 예상보다 훨씬 높은 수준의 이해력으로 주제를 다룰 수 있음을 확인했다. 그들은 주제의 난해한 성격을 이해했을 뿐만 아니라, 그들과 그들의 교사 모두에게 큰 관심을 불러일으켰다. 더불어 교실에서 법과 논쟁적인 사안에 대해 허심탄회하게 토론함으로써 민주적 절차, 즉 '게임의 규칙'에 대한 이해를 심화하고 학생들이 규칙을 준수하려는 경향이 커졌다. …[5]

공민교육위원회의 프로그램은 주로 초등 교육 수준에 맞춰 개발되었으며, 그 효과 또한 입증되었다. 이러한 성과에 힘입어 공민교육위원회는 프로그램 자료를 보완하는 한편, 권리장전에 담긴 여러 주제를 프로그램에 반영하고자 노력했다. 적법절차 교육과

4) Committee on Civic Education, *The Committee on Civic Education of the University of California at Los Angeles: Past, Present and Future Activities* (Los Angeles: University of California, 1974), ED092460, 1.
5) Committee on Civic Education, *The Committee on Civic Education*, 2.

정 개발 및 실천 프로그램은 출판 후 9개월 만에 미국 전역에서 2만 명이 넘는 학생들이 활용하였다.

3) 미국 사회의 법 프로젝트

1963년, 시카고 변호사협회는 학생들의 법교육을 위해 변호사를 지원하겠다고 발표했다. 이에 대한 호응이 커지자 시카고 변호사협회는 교육학, 법학 교수, 교사, 법원 직원, 사회복지사, 변호사 등으로 학교 교육과정위원회를 구성하여 변호사와 공립학교 간의 최적 협력 방안을 모색했다. 학교 교육과정위원회는 초·중등 학생에게 법의 역할을 설명하고 생생하게 보여줄 필요가 있다고 판단하고 법의 실체와 효과적인 교수법의 균형을 갖춘 시범 프로그램을 통해 교수법을 개발하기로 하였다. 학교 교육과정위원회에서 개발한 프로그램은 1966년 3월 시카고 교육위원회에 의해 채택 및 시범 적용되었고, 동년 9월 시카고 교육위원회는 '미국 사회의 법 프로젝트'를 공식 승인했다. 미국 사회의 법 프로젝트는 목표 및 평가 결과는 다음과 같았다.

> … 첫째, 참가자들의 법적 문제에 대한 이해를 높이기 위해 노력했다. 둘째, 컨설턴트들은 모의재판 및 질문 활용 등 다양한 교수법을 시연하고, 참가자들이 이러한 기능을 직접 경험하도록 유도했다. 셋째, 프로젝트 직원들은 교사와의 협력을 통해 학생들을 위한 맞춤형 수업안을 개발했다. 교직원은 개발된 수업을 수정 및 보완하여 다음 해에 학교 현장에서 실험적으로 적용했다. 교사가 개발한 자료는 다음과 같다:

새로운 땅의 법(중급 학생을 위한 사례집), 교사 핸드북, 새로운 땅의 법, 법과 미국 역사(11학년 및 12학년 사례집), 교사 핸드북, 시민 교육을 위한 법적 문제 및 교사 핸드북(공민 도서). 미국 사회의 법 프로젝트에서는 자료에 대한 평가를 실시했다. 자료를 활용한 교사는 학생 출석률과 학생 참여도가 증가했다고 보고했다. …[6]

미국 사회의 법 프로젝트는 지역 변호사협회와 지역 교육부 간의 협력을 추진한 최초의 결과이며 이는 이후 법교육 접근 방법의 모델이 되었다. 미국 사회의 법 프로젝트는 전적으로 지역 수준에 초점을 두었다는 한계를 가지고 있었으나, 1968년 9월 법교육 프로그램을 확대하기 위하여 미국 사회의 법 재단(Law in American Society Foundation)으로 설립되었다.

2. 미국변호사협회의 지원과 다양한 프로젝트

1970년 헌법권리재단, 캘리포니아대학교 로스앤젤레스 공민교육위원회, 미국 사회 법 프로젝트의 지도자들은 미국 내 전국 단위의 법조인 조직을 갖추고 막대한 영향력을 행사하고 있던 미국변호사협회에 법교육을 위한 교육과정 개선을 위한 지원을 요청하였다.[7] 미국변호사협회 회장 레온 자보르스키(Leon Jaworski) 또한

6) O'Brien, *An Analysis of the Relationship*, 70-71.
7) M. C. McKinney-Browning, "Educating for Civic Participation: Law-Related Education in the United States," in *Let's Talk About Law in Elementary School*, ed. Wanda Cassidy and Ruth Yates (Saskatoon: Detselig Enterprises Ltd., 1998), 33.

미국에서 법의 근본 원칙을 가르치는 데 실패했다고 보고 이를 해결하기 위해서는 교육이 우선되어야 한다고 보았다.

미국변호사협회는 1971년 법교육 지원 및 법교육 문제 해결을 위해 산하에 청소년 시민성교육 특별위원회(American Bar Association's Special Committee on Youth Education for Citizenship)를 창설하였다. 이에 따라 법교육 활동은 새로운 전기를 맞이하게 된다.

청소년 시민성교육 특별위원회의 목적은 초·중등학교 법교육을 위한 수준 높은 프로그램 개발 및 확산에 있었다. 이를 위해 특별위원회는 초·중등학교의 법교육에 대한 관심을 고취하고, 기존 및 새로운 법교육 프로그램을 지원하며, 법교육 개선 방안을 연구하였다. 특별위원회는 법교육의 촉매 역할을 수행하고, 지역 변호사협회는 다양하고 수준 높은 프로그램을 구축하여 지역, 주, 국가 차원에서 다양한 법교육 프로젝트를 전개함으로써 법교육이 미국 전역으로 확산될 수 있었다.

이러한 과정을 통해 이전과는 차별화된 다양한 성격의 프로젝트가 지역, 주, 국가 차원에서 나타나게 되었다. 지역 수준의 대표적인 예로는 헌법권리재단의 '청소년과 사법 행정'(Youth and the Administration of Justice) 프로젝트와 생활법(Street Law) 프로젝트가 있으며, 주 수준에서는 자유 사회의 법(Law in a Free Society) 프로젝트, 정치와 법교육연구소(Institute for Political and Legal Education) 프로젝트, 국가 수준에서는 미국 사회의 법 재단 프로젝트 등이 있었다.

1) 청소년과 사법 행정 프로젝트

헌법권리재단은 청소년의 권리장전 교육을 목표로, 1973년 참여형 법교육에 대한 관심을 토대로 '청소년과 사법 행정' 프로젝트를 시작했다.

청소년과 사법 행정 프로젝트는 로스앤젤레스 지역의 고등학생들에게 지역 사법 제도에 대한 직접적인 경험을 제공하여, 학생들이 살고 있는 지역의 사법 시스템에 대한 지식과 긍정적인 태도를 함양하고,[8] 또래 학생들에게 지역 형사 사법의 실제를 가르치려는 열망과 역량을 키우는 데 목적을 두었다.[9]

청소년과 사법 행정 프로젝트는 크게 세 부분으로 구성된다. 첫째, 학생들은 사법 기관 직원과의 직접 대화 및 사법 시스템 운영 현장 참관을 통해 사법 시스템을 학습할 기회를 갖는다. 둘째, 학생들은 또래 학생 교육 프로그램 구성을 위한 교육과정 단위를 직접 만들고, 또래 학생 교육에 적극 참여한다.[10] 셋째, 사법 기관 실무자와 함께 하는 견학, 1 교사 1 사법 기관 직원 배정 등의 교사 연수를 통해 현장 경험을 강화한다.[11]

청소년과 사법 행정 프로젝트는 지역 단위의 현장 체험형 법교육으로서, 또래 학습 및 현장 경험 중심의 교사 연수를 중시하였다.

8) O'Brien, *An Analysis of the Relationship*, 127.
9) Henning et al., *Law-Related Education*, 199-200.
10) Henning et al., *Law-Related Education*, 199.
11) Henning et al., *Law-Related Education*, 199-200.

2) 생활법 프로젝트

생활법 프로젝트는 조지타운대학교 법학 센터에서 1971~72학년도에 컬럼비아 특별구 내 두 고등학교에서 한 학기 과정으로 시작하여, 1973~74학년도에는 9개 고등학교와 3개 교정시설에서 1년 과정으로 확대되었다. 생활법 프로젝트는 청소년 및 교정 수감자를 위한 교육과정을 개발했으며, 이 프로그램의 상당 부분을 제도화하는 데 기여했다.[12)]

생활법 프로젝트의 교사는 조지타운대학교 법학전문대학원 학생들로, 이들은 지역 내 지정 학교에서 임상 과정을 통해 교육을 진행하고 학점을 취득했다.

생활법 프로젝트의 목표는 첫째, 법, 법 집행관, 변호사 및 사법 시스템의 역할에 대한 학생 및 교정 수감자들의 긍정적인 태도를 함양하는 것이다. 둘째, 법이 자신과 타인을 보호하기 위해 고안되었다는 인식을 심어주는 것이다. 셋째, 일상생활에 필요한 기본적인 법적 기능의 습득을 도와주는 것이다. 넷째, 이러한 교육이 지속되도록 장려하는 것이다.

생활법 프로젝트의 교수 내용은 형사법, 청소년법, 가족법, 주택법, 소비자법, 개인 권리법 분야에서 컬럼비아 특별구 주민들이 실제로 겪는 법적 문제들이다. 청소년 대상 고등학교 교육과정은 두 명의 법학전문대학원 학생으로 이루어진 팀이 각 고등학교에 배정되어, 생활법 수업을 주 4일 진행하며, 역할극, 사례 연구, 소크라테스식 접근, 모의재판 등의 기법을 활용한다. 교정 시설 프로

12) Henning et al., *Law-Related Education*, 196-197.

그램은 고등학교 프로그램과 유사하나, 형법 및 교정법, 항소 및 가석방에 더 큰 비중을 둔다.[13)]

생활법 프로젝트는 지방 수준에서 진행되었으며, 내용적으로는 생활법을 다루고 방법적으로는 상호작용적 접근을 강조하는 특징을 지닌다.

3) 자유 사회의 법 프로젝트

1970년 캘리포니아주 변호사협회는 캘리포니아주 형사사법위원회에서 확보한 자금을 통해 자유 사회의 법 프로젝트를 시작했다. 자유 사회의 법 프로젝트는 조직된 변호사 단체, 지역 학교 시스템, 여러 사법 기관 및 주립 대학 시스템의 자원을 활용하는 주(州) 전역의 법교육 프로그램이다.

자유 사회의 법 프로젝트는 교육과정 개발과 교사 연수에 중점을 두고 있다. 자유 사회의 법 프로젝트의 교육과정 개발은 입헌민주주의를 이해하는 데 기본이 되는 권위, 정의, 자유, 참여, 다양성, 개인 정보 보호, 재산 및 책임이라는 8가지 개념을 선택하고 이를 바탕으로 한 교육과정을 개발했다. 그리고 각 개념에 따른 교사 교육을 위한 안내서, 교사 교육 사례집, 교육과정(K-12학년 학생을 위한 각 개념에 대한 목표), 수업 계획 등을 개발하였으며 평가 도구도 준비되어 있었다.

자유 사회의 법 프로젝트 교사 연수는 8가지 개념을 기반으로

13) Henning et al., *Law-Related Education*, 196-198.

법학, 정치학, 철학, 경제학, 인류학, 사회학 분야 주제를 아우르는 학제적 교육 과정으로 구성되었다. 교사 연수 과정에서 활용된 교수 방법은 초·중등학교에서 효과적으로 적용 가능한 모델을 제시하고자 하였다.[14)]

자유 사회의 법 프로젝트는 주 차원에서 권위, 정의, 자유, 참여, 다양성, 개인 정보 보호, 재산, 책임 등 법교육의 기초 개념을 정립하고, 이를 중심으로 교육 과정 및 교사 연수 프로그램을 개발한 점이 특징이다.

4) 정치와 법교육연구소 프로젝트

정치와 법교육연구소 프로젝트는 1969년 고등학교 교사 배리 레프코위치(Barry Lefkowitz)가 뉴저지 고등학생을 대상으로 법과 정치 분야 교실 수업과 현장 경험을 연계한 프로그램을 도입하며 시작되었다.

정치와 법교육연구소 프로젝트에서 현장 경험을 교실 수업과 연계한 것은 학생들에게 법과 정치에 대한 지식, 기능, 실무 경험을 제공하기 위함이며, 학생들은 현장 학습을 통해 입법 인턴십, 주 의회 로비, 선거 유세 및 캠페인 활동 등에 참여한다.

정치와 법교육 연구소 프로젝트의 1년 교육과정은 유권자 교육 단원, 주(州) 정부 단원, 개인의 권리 단원으로 구성되며, 학생과 교사의 흥미와 선택에 따라 조정될 수 있다.

---

14) Henning et al., *Law-Related Education*, 212-214.

유권자 교육 단원은 쟁점 분석 과정, 입후보 홍보전단 배포, 미디어 홍보 기법을 활용한 등록, 선거 전략 등으로 구성된다. 단원 활동으로는 학교 안팎의 투표자 등록 운동, 실제 후보를 위한 선거 운동(선거 본부 활동, 전화 홍보, 가정 방문), 선거 경쟁자 역할 수행, 선거 교통편 및 아이 돌봄 지원, 학교 안팎의 선거 여론 조사 등이 있다.[15)]

주(州) 정부 단원에서는 환경, 주택, 교통 등 이전 단원의 쟁점과 관련된 주(州), 군, 지역 수준의 구조와 기능을 살펴본다. 여기에는 정책 형성, 원외 활동, 미디어 기법, 사회학적 조사, 가치 지향성 등이 포함된다. 시뮬레이션 게임은 정부 기관의 의사 결정 과정을 학생들에게 보여주기 위해 활용된다. 주(州) 의회, 직업 로비스트 사무실 실습, 3일간의 모의 국회 가상 체험을 통해 법안 통과 과정을 경험하게 된다.[16)]

개인의 권리 단원에서는 법원 제도, 형사 절차, 법의 기초가 복잡하게 얽힌 학습 내용인 '언론의 자유와 공정한 재판 대(vs.) 자유 표현'을 선정하여 심도 있게 다룬다. 사례 연구로 '로스 대 연방정부(Roth vs. United States)', '뉴욕 타임스 대 설리반(New York Times vs. Sullivan)' 사건 등이 제시되며, 학생들은 이러한 사건의 판결을 분석한다. '팅커 대 디모인(Tinker vs. Des Moines)' 사건 모의재판이 포함된다. 시뮬레이션 활동에서 학생들은 표현의 자

15) John F. Khanlian and Katherine L. Wallin, *State Government: The Decision-Making Process* (Minneapolis: Institute for Political and Legal Education, Educational Improvement Center, 1975), ERIC ED110394, xv.

16) Khanlian and Wallin, *State Government*, xv-xvi.

유 사건과 관련된 개인 역할을 수행하며, 역할극을 통해 지방 법원의 증거 개시 청문회와 대법원 절차를 학습한다. 변호사협회 또는 법률구조공단에서 현장학습이나 실무 실습이 진행된다.[17)]

정치와 법교육 연구소 프로젝트는 주 차원에서 진행되었으며, 법교육에 현장 실무 경험을 도입한 것이 특징이다.

5) 미국 사회의 법 재단 프로젝트

시카고 변호사 협회는 1966년 청소년 법교육을 위해 주(州) 차원의 미국 사회의 법 프로젝트를 시작했으며, 1968년에는 프로젝트 확장을 위해 미국 사회의 법 재단을 설립했다.

미국 사회 법 재단은 초・중등학교 법교육을 지향하며, 법교육 프로젝트 수립 지원, 교사 연수, 교육과정 개발, 자료집 제작 등을 추진했다.

미국 사회의 법 재단은 1970~71년에 달라스, 애틀랜타, 보스턴, 로스앤젤레스에서 법교육 프로젝트 수립을 지원했다. 더불어 법교육 프로젝트 수립을 체계적으로 지원하고자 국가법교육센터(National Center for Law-Focused Education)를 설립하였다. 국가법교육센터의 목표는 미국 사회의 법 재단을 중심으로 구축된 프로젝트의 전국적인 네트워크를 형성하는 것이었다. 이를 위해 국가법교육센터는 기존 법교육 프로젝트가 있는 경우 지원을 강화하여 인근 학교와 지역 사회로 확장하고, 없는 경우에는 새로운 법교육

17) Khanlian and Wallin, *State Government*, xvi.

프로젝트를 만드는 데 주력하였다. 국가법교육센터의 주요 활동으로는 4단계 워크숍으로 구성된 하계 교육 프로그램, 대학 인턴십 프로그램, 두 종류의 텍스트 시리즈(미국의 자유/정의의 흔적) 및 법교육 시청각 자료(정의의 기초/정의를 찾아서) 출판, 전국 법교육 연례 협의회, 법교육 정보 자원 센터, 그리고 최초의 법교육 정기 간행물인 '미국 사회의 법(Law in American Society)' 발간 등이 있다.[18)]

미국 사회의 법 재단 프로젝트는 법교육의 전국적 확산과 더불어 전국 법교육 활동을 조정하는 데 기여했으며, 특히 학교 교육과정과의 통합을 지향했다는 점에서 주목할 만하다.

이러한 다양한 프로젝트들은 미국변호사협회 청소년 시민성교육 특별위원회의 지원 및 조정하에 각각 독자적인 법교육 프로그램으로 개발, 적용되었고, 상호보완적으로 발전해 나갔다.

3. 법교육에 대한 국가적 지원과 보급

1970년대는 베트남 전쟁, 워터게이트 사건, 캠퍼스 폭동 등 격동적인 사건들이 연이어 발생했던 시대였다. 미국의 전국 학업성취도 평가(National Assessment of Educational Progress)는 1978년, 미국의 10대들이 정부 구조와 기능에 대한 지식 감소, 정치 과정에 대한 이해 및 참여 의지 상실, 헌법상 권리의 인식과 가치에 대한

18) Richard D. Chesteen, *A Report on National Programs in Citizenship and Law-Related Education,* (Martin, TN: University of Tennessee, 1980), ED194411, 9.

긍정 및 부정적 측면의 혼재를 겪고 있음을 확인했다.[19] 닉슨(Nixon) 대통령의 워터게이트(Watergate) 사건 이후 연방 정부는 시민성 교육을 옹호했으며, 1976년 포드(Ford) 대통령과 매튜(Mathews) 보건 교육 및 복지 장관의 후원 아래 교육과 시민권에 관한 전국 회의가 개최되었다.

이 회의에서 법교육을 국가 교육 운동으로 규정했다.[20] 그 결과, 법교육은 국가적 주요 관심사로 부상하였다. 미국 의회는 법교육 지원법을 제정하여 교육청(Office of Education)[21]은 물론, 특히 법무부 산하 청소년 사법 및 비행 예방국(Office of Juvenile Justice and Delinquency Prevention)으로 하여금 법교육 성과를 확인하고 국가 차원의 법교육 프로젝트인 '국가 연수 및 보급 프로그램(National Training and Dissemination Program)'을 통해 법교육의 전국적 보급을 촉진하도록 하였다. 이러한 과정을 거쳐 표준화된 법교육과정과 제도화된 법교육 프로그램이 등장하게 되었다.

1) 법교육지원법 제정

1978년 미국 의회는 개정 교육법(Education Amendment) 타이틀

---

19) Feinstein and Wood, *History of Law-Related Education*, 26.
20) Feinstein and Wood, *History of Law-Related Education*, 27.
21) 교육청(Office of Education)은 한때 교육부(Department of Education) 또는 교육국(Bureau of Education)이라고도 불렸으며, 1867년부터 1972년까지 미국 내무부 산하의 미국 연방 정부의 소규모 부서였다. 현재는 미국 교육부(United States Department of Education)와 미국 보건복지부(United States Department of Health and Human Services)로 분리되어 운영되고 있다.

Ⅲ 특별 프로젝트(Special Projects)에 법교육을 명시한 이른바 '법교육지원법(Law-Related Education Act of 1978)'을 통과시켰다.

미국 의회는 법교육지원법에서 법교육의 필요성을 다음과 같이 세 가지로 요약하고 있다. (1) 청소년들이 법체계와 법제도의 작동 방식에 대한 이해가 부족하다. (2) 이러한 이해는 청소년들이 민주주의 정부 체계에 대한 신뢰와 인식을 함양하여 책임감 있는 시민으로 성장하는 데 필수적인 요소이다. (3) 법교육 프로그램 개발을 장려하고 지원하기 위한 연방정부의 적극적인 개입이 시급하다.[22]

법교육지원법에서 '법교육'이란 "비법률가에게 법, 법절차, 법시스템에 관한 지식과 기능, 그리고 그 기반이 되는 기본 원칙과 가치를 함양하는 교육"이라고 정의한다.[23] 이러한 법교육 정의는 이후 법교육 관련 문서에서 대부분 인용되고 있다.

법교육지원법은 지향해야 할 7가지 활동을 명시하고 있다. (1) 교육자, 법조인, 그리고 대중에게 법교육에 대한 이해를 넓히는 인식 제고 활동, (2) 초등학교, 중등학교, 성인 교육 기관, 지역사회 단체, 고등 교육 기관에서의 법교육 제공, 법교육 자료 및 방법 개발, 시범 및 실증 프로젝트 수행, 새롭고 지속 가능한 프로그램 지원 및 결과물 배포, (3) 법교육 활동의 확립, 개선 및 확장을 위한 정보 센터 및 기술 지원, 기관, 그룹, 조직, 개인에게 기존 법교육 경험과 자원에 대한 정보 수집 및 지원 제공, (4) 예비 및 현직 교사를 위한 세미나, 워크숍, 연수회 등에서 법교육의 실제에

22) Law-Related Education Act of 1978, Pub. L. No. 95-561, 92 Stat. 2319 (1978).
23) Law-Related Education Act of 1978, 92 Stat. 2319 (1978).

대한 교육, (5) 법교육 연구 및 평가, 법교육 자료 및 방법의 효과 연구 및 개선, (6) 법교육 활동에 변호사, 법학대학원생, 법학 전공 학생, 법집행관 등 법 관련 조직, 기관 및 인력 참여, (7) 법과 법 시스템을 교실 밖에서 경험하는 청소년 인턴십 등[24]을 포함한다.

법교육지원법 제정을 계기로 1978년 미국변호사협회 청소년 시민성교육 특별위원회가 후원하는 전국 법교육 지도자 회의가 시카고에서 처음으로 개최되었다. 1980년과 1981년에 걸쳐 의회는 법교육에 100만 달러를 배정했을 뿐 아니라, 미국 교육청 산하에 시민교육사무국(Citizen Education Office)을 설립했다. 의회는 공민교육 센터(Center for Civic Education), 미국변호사협회 청소년 시민성교육 특별위원회, 헌법권리재단, 미국 시민 법교육연구소(National Institute for Citizen Education in the Law) 등과 협력하며 법교육을 꾸준히 지원했다.[25]

법교육지원법은 1982년에 폐지되었지만, 여러 주에서는 학교 시민성 교육의 범위 안에서 법교육을 여전히 법령으로 규정하고 있다.[26]

2) 국가 연수 및 보급 프로그램

1978년부터 미국 법무부 산하 청소년 사법 및 비행 예방국은

24) Law-Related Education Act of 1978, 92 Stat. 2319 (1978).
25) Feinstein and Wood, *History of Law-Related Education*, 28.
26) Latia Ward, "From the Field: Law-Related Education as a Branch of Civics Education in the United States," *International Journal of Public Legal Education* 6, no. 1 (2022): 27.

국가 차원의 법교육 진흥을 위해 재정적 지원을 제공했다. 법교육 프로그램인 '국가 연수 및 보급 프로그램'은 미국변호사협회, 공민 교육 센터, 헌법권리재단, 미국 시민 법교육 연구소(National Institute for Citizen Education in the Law), 파이 알파 델타 공공 서비스 센터(Phi Alpha Delta Public Service Center) 등 전국 규모의 5개 기관에서 수행되었다.

1981년부터 1983년까지 청소년 사법 및 비행 예방국은 법교육을 위한 교육과정 자료가 지닌 비행 예방 잠재력과 학교 내 법교육 제도화의 효과적인 방법을 검증하는 연구 프로그램을 지원했으며, 공민 교육 센터, 헌법권리재단, 미국 시민 법교육연구소, 파이 알파 델타 공공 서비스 센터에서 개발한 교육과정 자료가 학생들에게 미치는 영향 또한 조사했다. 연구 결과, 법교육은 적절하게 시행될 경우 청소년의 비행 행동을 감소시키는 데 기여하는 것으로 밝혀졌다.

1983년, 청소년 사법 및 비행 예방국은 국가 연수 및 보급 프로그램을 시작했다. 국가 연수 및 보급 프로그램의 주된 목표는 전국 공립 및 사립학교(K-12)에 양질의 비행 예방 법교육을 정착시키는 데 있었다. 국가 연수 및 보급 프로그램의 전국 단위 조직은 각 주(州)의 법교육 지도자들과 협력하여, 교육, 사법, 시민 단체의 주요 그룹과 개인의 지원을 확보하여 해당 주(州)에서 법교육 프로그램을 홍보했다. 구체적인 전략으로 학교 관리자, 교육과정 전문가, 교사 및 지역사회 자원 인사를 대상으로 한 법교육 인식 제고 교육 제공, 지역 및 주(州) 전체 직원 역량 개발 프로그램 시행, 전국 리더십 교육 실시 등이 있었다.[27)]

법교육 '국가 연수 및 보급 프로그램'을 수행한 5개 기관과 각 기관의 지원 및 수행 프로젝트의 내용은 다음과 같다.

(1) 미국변호사협회 청소년 시민성교육 특별위원회

1971년 창설된 미국변호사협회 청소년 시민성교육 특별위원회는 다양한 대상에게 정보 및 기술 지원을 제공하는 여러 출판물을 제공했다. 법교육 최신 정보(Update on Law-Related Education)는 시의적절한 법률 주제에 초점을 맞췄다. 학생 업데이트(Student Update)는 중·고등학생을 위해 기획된 특별판으로, 매년 발행되는 법의 날 기념 간행물을 보충하는 역할을 한다. 더불어 법원 관련 최신 정보도 제공한다.

미국변호사협회 청소년 시민성교육 특별위원회 산하 법교육 정보 센터는 법교육 관련 정보를 제공하는 전국 규모의 정보 지원 기관이다. 정보 센터는 전국의 법교육 프로그램 및 활동 정보를 비롯하여, 법교육 전반에 걸친 폭넓은 지원 서비스를 제공한다. 청소년 교정 교육: 최신 문헌 검토, 청소년 사법 및 공공 정책: 90년대의 과제, 업데이트 봄/여름호(청소년 사법의 새로운 현실, 새로운 과제) 등은 정보 센터에서 이용 가능한 간행물의 일부이다.[28)]

---

27) Lee Arbetman, *Developing Law-Related Education: An Awareness Manual to Assist in Developing Awareness among Teachers and Resource Persons* (Washington, D. C.: Law-Related Education National Training and Dissemination Program, 1989), ED312194, 1.

28) The Juvenile Justice Steering Committee of the LRE National Training and Dissemination Program, *Law-Related Education for Juvenile Justice Settings* (Washington, D. C.: Office of Juvenile Justice and Delinquency Prevention, U. S. Department of Justice, 1993), NCJ 147063, 128.

미국변호사협회 청소년 시민성교육 특별위원회는 법교육 관련 컨설팅, 전국 법교육 리더십 세미나 및 컨퍼런스 주최, 청소년 200주년 기념 사업(Youth Bicentennial Initiative)을 통하여 미국헌법 200주년 기념 행사에 청소년 참여 활동 등을 진행했다. 또한, 법교육 프로그램의 성공을 위한 필수 요소인 변호사-학교 협력(Bar-School Partnership) 프로그램을 지원하였다.[29)]

(2) 미국 시민 법교육 연구소

미국 시민 법교육 연구소는 조지타운대학교 법학 센터(Georgetown University Law Center)가 1971년 개발한 법교육 프로그램인 '생활법(Street Law)'의 전국적인 전파와 실행을 지원하고자 1975년 공식 설립되었다.[30)]

미국 시민 법교육 연구소의 자료는 법률의 실제적 적용을 강조했다. 고등학교 수준의 생활법(Street Law) 교과서는 총 7개의 단원으로 구성되어 있다. 법과 법률 체계 소개를 시작으로, 형사법, 청소년 사법, 불법행위법, 소비자법, 가족법, 주택법, 그리고 개인의 권리와 자유를 포함한다. 그 밖에도 5~7학년 독해 수준에 맞춘 "10대, 범죄와 지역사회(Teens, Crime and the Community)", 낮은 독해 난이도와 높은 흥미를 유발하는 "여러분의 생활 속 법(Law in Your life)", 그리고 8~12학년 수준의 "모두를 위한 인권(Human

29) Verne L. Speirs, *Law-Related Education: Making a Difference* (Washington, D. C.: Office of Juvenile Justice and Delinquency Prevention, U. S. Department of Justice, 1985), ED296945, 4-5.

30) Mark C. Alexander, "Law-Related Education: Hope for Today's Students," *Ohio Northern University Review* 20 (1993): 70-71.

Rights for All)" 등의 출판물이 있다. 이러한 출판물은 수업 자료로 활용하거나 기존 교육 과정에 통합하는 것이 가능하다. 이러한 출판물에 담긴 다양한 수업 내용은 청소년 사법 환경에 초점을 맞추고 있다. 청소년 사법 매뉴얼은 높은 흥미도와 읽기 난이도가 낮은 독립형 수업들로 구성되어 있으며, 그 예로는 생활법: 청소년 법정 대안 프로그램(Street Law: Juvenile Court Alternative Program), 생활법: 청소년 교정 프로그램(Street Law: Juvenile Corrections Settings), 생활법: 수용 시설용(Street Law: Group Homes), 생활법: 구금 시설용(Street Law: Detention) 등이 있다.[31)]

미국 시민 법교육 연구소는 유치원부터 12학년까지의 학생들을 대상으로 학교 기반 프로그램, 멘토 프로그램, 그리고 기숙사 및 교실 환경에서 법교육, 갈등 관리 및 중재 교육을 실시하는 청소년 교정 교육 프로그램 등을 제공해 왔다. 미국 시민 법교육 연구소는 이용 가능한 자료 및 서비스 목록 제공, 프로그램 구현 관련 메모 및 프로젝트 현장 목록 제공, 뉴스레터 '생활법 뉴스'와 연간 보고서 간행, 중등학교 및 성인교육 교정 프로그램 출판, 초등학교 교사 모듈 시리즈 '시민성을 위한 교육' 개발 및 제공, 시청각 자료와 시뮬레이션, 모의재판 매뉴얼 개발 및 제공 등 다양한 활동을 전개하였다.[32)]

31) The Juvenile Justice Steering Committ*ee, Law-Related Education*, 128.

32) Speirs, *Law-Related Education: Making a Difference*, 10-11.

(3) 공민 교육 센터의 자유사회의 법 프로젝트

1969년 설립된 자유사회의 법은 캘리포니아주 변호사협회와 제휴한 비영리 재단인 공민 교육 센터의 프로젝트이다. 청소년 사법 및 비행 예방국의 지원으로 제공한 서비스는 다음과 같다.

- **자유사회의 법 교육과정**: 초등, 중등, 대학교 수준의 숙련된 교육자들이 개발하고 검증한 자유사회의 법 교육과정에는 유치원부터 12학년까지 사용할 수 있는 종합적인 교사 연수 프로그램과 수업 자료가 포함되어 있다. 교육과정은 입헌 민주주의의 근간을 이루는 8가지 개념, 즉 권위, 개인 정보 보호, 정의, 책임, 참여, 재산, 다양성 및 자유를 토대로 구성되었으며, 사회 및 인문학 교육 전반에 걸쳐 통합적으로 적용될 수 있도록 설계되었다. 교육과정이 개념 중심으로 이루어졌다고 해서 학생들의 일상 경험을 간과하는 것은 아니다. 오히려 학생들의 경험을 사회 및 정치 생활에서 되풀이되는 문제들과 연결 짓고 있다.
- **교실 자료**: 자유사회의 법은 권위, 개인 정보 보호, 정의, 책임이라는 주제로 멀티미디어 교육 자료를 개발했다. 이 교육 자료는 유치원 및 1학년을 위한 레벨 I부터 10~12학년을 위한 레벨 VI까지, 6단계 레벨로 구성되어 수준과 복잡성이 점진적으로 심화된다. 각 레벨은 학습 동기를 유발하는 사운드/컬러 슬라이드, 학생용 비소모성 교재, 그리고 교사용 지도서로 구성되어 있다. 교사용 지도서에는 창의적인 교수법에 대한 안내와 평가 요소 또한 포함되어 있다.

- **교사 연수 자료**: 8가지 교육과정 기초 개념에 대한 교사 연수 자료, 지도자 핸드북, 사례집(법원 사건, 문학 발췌, 역사적 사건, 에세이 등 포함), 교육과정 가이드(8개 개념별 K-12학년 발달 목표), 수업 계획안(8개 개념별 교육과정에 제시된 유치원~12학년 목표에 맞춰 구성된 예시 수업들)
- **프로젝트 서비스**: 학교 및 단체를 대상으로 한 법교육 프로그램 개발, 교사 연수, 지역 사회 자원 활용, 재정 지원 확보 지원[33]

(4) 헌법권리재단

1963년 설립된 헌법권리재단은 청소년들이 유능하고 적극적인 시민으로 성장하도록 돕는 프로그램을 개발하고, 초・중등학생을 위한 정부, 역사, 국제 문제, 지리, 법 관련 교육 자료를 제공해 왔다. 청소년 사법 및 비행 예방국의 지원을 받아 헌법권리재단은 다음과 같은 서비스를 제공하였다.

- **연수**: 교사, 행정가, 법조인 및 지역사회 자원봉사자는 다양한 프로그램에서 법교육 자료와 방법을 활용하도록 교육받는다.
- **자료집**:
  - 미국의 형사사법: 형법, 경찰과 지역사회 관계, 적대적 소송 절차, 교정 시스템, 청소년 사법 및 범죄 퇴치 방법에 질적으로 초점을 맞춘 자료로서 고등학교 및 대학생들에게 전체적으로 "실습" 경험을 제공하도록 설계되었다.

33) Speirs, *Law-Related Education: Making a Difference*, 6-7.

- 법과 사회과 시리즈: 중・고등학교의 미국 및 세계사, 지리 및 정부 과목의 일반 교육과정 내 기본적인 법적 개념 및 문제를 다루고 있다.
- 행동하는 권리장전: 청소년 시민성의 기능 개발에 중요한 주제와 문제에 초점을 맞춘 분기별 간행물로서 세계사, 미국 정부, 미국 역사 수업에 적합하며 교육 전략이 포함되어 있다.
- 교실 속 비즈니스: 기업의 비즈니스에 영향을 미치는 윤리적, 법적, 경제적 쟁점을 조사하는 단원으로 구성되어 있다.
- 글로벌 시대의 국제법: 국제적 갈등 관리 및 국제 영역에서 법의 역할을 가르치는 데 필요한 역동적이고 새로운 형식을 제시하며, 24개의 수업 계획, 학생 자료, 교육 지침으로 구성되어 있다.
- 시뮬레이션 게임(Police Patrol, We, the Jury, Kids in Crisis, Halfway House, and Managing School Conflict): 학교 갈등 관리를 포함하며, 7~12세 학생을 대상으로 설계되었고 자원 봉사자도 활용할 수 있다.
- 형사 사법과 민사 사법: 외부 자원 활용 및 학생 참여형 교실 활동을 강조하는 기본 교재로, 특히 7~9학년 법률 프로그램이나 10~12학년의 기본 틀로 활용하기에 적합하다.
- 시민성교육: 책임(Responsibility), 선택(Choices), 통치(Governance)라는 세 가지 개념을 중심으로 구성된 초등 교사 대상의 15개 단원으로 이루어져 있으며, 기초 기능 강화를 위한 행동 중심 실습을 통해 내용을 탐구한다.

– 시민의 과제: 신문과 글쓰기를 통해 법을 학습하는 교육과정 안내서이다.

- 기술 지원: 헌법권리재단은 교사 훈련 프로그램, 자문 위원회, 법의 날 행사, 청소년 회의, 모의재판 대회, 그리고 기금 모금 행사 등의 계획 및 실행을 지원한다.[34]

(5) 파이 알파 델타 공공 서비스 센터

파이 알파 델타 공공 서비스 센터는 법교육 프로그램을 운영하는 파이 알파 델타 법학회 산하 기관이다. 1902년 설립된 파이 알파 델타 법학회는 세계 최대 규모의 법학 단체로서, 기업, 정부, 그리고 법률 단체의 모든 분야 지도자들이 참여하여 법교육 지원을 위한 특별한 자원을 결집할 수 있는 조직이다.

파이 알파 델타는 지역 변호사 협회, 학군, 청소년 사법 기관 등 지역 사회 조직 간의 자발적인 협력을 이끌어 내어 국가, 주, 지역 법교육 프로그램을 긴밀히 지원하였다. 각 지방의 파이 알파 델타 대표자는 법조계와 교육계 간 파트너십 구축의 핵심 역할을 수행하며, 교사 연수 프로그램 참여, 지역 사회 자금 조성, 지역 사회 기반 자원 개발, 유치원부터 12학년 학생 대상 교육 지원 등을 포괄한다. 청소년 사법 및 비행 예방국의 지원으로 파이 알파 델타 법학회가 제공하는 대표적인 서비스는 다음과 같다.

- 지역사회 법교육 프로젝트에 대한 지원을 창출하고 지역 법교육 컨퍼런스를 조직하여 학교 행정관-판사, 변호사협회-

34) Speirs, *Law-Related Education: Making a Difference*, 8-9.

교육자, 상공회의소-검사, 법학전문대학원-경찰, 청소년봉사 단체-봉사클럽 등과 같이 지역사회 법률 관련 구성요소를 서로 연결하도록 돕는다. 지역 조직이 법교육 실무 및 자문 위원회를 구성하고, 위원들이 개별적으로 참여하도록 독려한다.

- 법교육 지원을 위해 법학전문대학원 교수진과의 회의를 개최한다.
- 교사 연수 및 교실 프로그램에 필요한 자료와 인적자원을 파악, 확보한다.
- 학생 대상 커뮤니티 모의재판 대회를 조직한다.
- 출판물 간행: 유치원~8학년 법교육 교실 참여 변호사 및 법학전문대학원 학생 대상 리소스 가이드, 중등 교육용 현대 법적 문제 리소스 가이드, 지방 법교육 프로젝트 모금 지원 변호사 대상 리소스 가이드, 변호사-교사 파트너십 프로그램 리소스 가이드[35)]

'국가 연수 및 보급 프로그램'은 전국 5개 기관을 통해 법교육을 수행하여 법교육 자원 네트워크를 발전시키고 지역 법교육 프로그램의 활력을 높여 법교육의 전국적 확산에 기여했다. 또한 법교육이 비행 예방 교육으로서의 역할을 수행하도록 했다. 이후 청소년사법 및 비행 예방국은 학교 외 환경의 사람들을 대상으로 하는 특성화된 법교육, 즉 소년범, 약물 남용, 청소년 폭력 예방 등에 초점을 둔 다양한 법교육에 더욱 주목하게 되었다. 이러한 새로운

35) Speirs, *Law-Related Education: Making a Difference*, 12-13.

관점을 반영하여 국가 연수 및 보급 프로그램은 1994년 '청소년 사법(Youth for Justice)'으로 명칭을 변경한다.[36)]

4. 법교육의 제도화

법교육은 학교 교육과정에서 교과 통합, 선택 과목, 필수 과목 등의 형태로 적용된다. 특히 필수 과목으로 도입될 때 법교육의 제도화된 양상을 뚜렷하게 확인할 수 있다. 이러한 법교육의 제도화를 위한 노력이 일부 지역에서 성공을 거두었으며, 대표적인 것으로 뉴욕의 프로젝트 패치(Project P. A. T. C. H.: Participatory Awareness Through Community Help)와 법 마그넷 학교(Law Magnet School) 등을 들 수 있다.[37)]

1) 프로젝트 패치 법 프로그램

프로젝트 패치 법 프로그램은 1969년 노스포트-이스트 노스포트 유니언 자유 학군(Northport-East Northport Union Free School District)에서 토마스 J. 오도넬(Thomas J. O'Donn ell)의 주도로 시작되었다. 교사와 학생이 법을 체계화할 수 있는 법교육 과정을 함께 고안하였으며, 이렇게 단순하게 출발한 법교육이 노스포트에

36) Social Science Education Consortium, *Compendium of Research Supporting Law-Related Education Part II: Alternative Conceptions/ Aplications of Law-Related Education* (Boulder, CO: Social Science Education Consortium, 1998), v.

37) Feinstein and Wood, *History of Law-Related Education*, 31-32.

서 크게 성장하였다.

1978년에는 패치에 11학년 과정으로 헌법을 통한 미국사를 도입했다. 교사와 학생이 만든 이 수업 프로그램은 뉴욕주 교육위원회(New York State Regents)의 새로운 11학년 정규 미국사 및 정부 교육과정을 준수하면서 발전시켰다. 오늘날 콘로(Con Law)과정으로 알려진 이 과정은 역사와 헌법을 교실에 적용하였다. 매년 네 차례, 교실은 미국 연방대법원을 그대로 재현한 공간으로 변모하며, 3인으로 구성된 패널 앞에서 학생들이 헌법 관련 사건을 재논쟁한다. 패널은 지역 법학전문대학원 학생, 교사, 변호사, 경찰, 학교 관계자, 그리고 학부모로 이루어진다. 학생들은 구두 변론의 핵심을 담은 1페이지 분량의 요약본을 제출한다. 학생들에게는 사건 발표에 5분이 주어진다. 재판관은 언제든 학생의 발언을 중단시키고 사건의 역사적, 헌법적 측면에 대해 질문할 수 있다.[38]

프로젝트 패치 프로그램의 목표는 학생들이 참여 민주주의에 필요한 지식, 기능, 그리고 자질을 함양하도록 도와 법교육 및 시민 교육의 발전을 도모하는 것이다. 현재 프로젝트 패치에서는 형사 사법, 미국법, 국제법 및 인권, 헌법을 통해 배우는 미국사 등의 과정을 제공한다. 이러한 패치 프로그램의 장점은 법률 분야 진로 준비를 넘어, 학생들이 다뤄진 사례와 논쟁에 공감하며 민주주의의 원리를 이해하고, 자신의 목소리가 변화를 이끌 수 있다는 사실을 깨닫게 된다는 점이다. 이러한 경험은 미국 시민으로서의 정체

38) Douglas Moskowitz and Jason Scurti, *U.S. Supreme Court Decisions: A Case Study Review for U.S. History and Government. A Student and Teacher Guide* (Albany, NY: New York State Bar Association, 1989), ED379197, i.

성을 형성하고 민주 공동체 구성원으로서의 권한 의식을 강화하는 데 기여한다.[39)]

2) 법 마그넷 학교

법 마그넷 학교는 마그넷 학교의 일종이다. 마그넷 학교는 특정 분야에서 학군 제한 없이 학생을 선발하는 특성화 공립학교이며, 법 마그넷 학교는 미국 내 법 분야 특성화 학교를 지칭한다.

1977년, 미주리주(州) 캔자스시티의 공립학교에서 인종 통합 문제를 둘러싼 미주리주 대 젠킨스(Missouri vs. Jenkins) 사건이 제기되었다. 사건의 원고는 해당 학군의 아프리카계 미국인 학생과 학부모들로, 그중 대표 원고가 칼리마 젠킨스(Kalima Jenkins)였다. 원고들은 1954년 브라운 대 교육위원회(Brown v. Board of Education) 사건 판결 이후에도 학군이 인종 분리 정책을 충분히 폐지하지 않았다고 주장하며 소송을 제기하였다. 이 사건으로 인해 연방 법원은 학군의 인종 차별 시정 계획을 감독하게 되었다.[40)] 마그넷 학교는 1960년대 후반부터 이미 일부 지역에서 인종 통합을 목표로 설립되어 왔지만,[41)] 젠킨스 사건 이후 인종 통합을 위한

39) "Students as Citizens," ASCD Educational Leadership, June 1, 2007, accessed October 27, 2025, https://ascd.org/el/articles/students-as-citizens.

40) Paula A. Nessel, *Law Magnet Programs, Technical Assistance Bulletin* 15, ED402234 (Chicago, IL: American Bar Association, Special Committee on Youth Education for Citizenship, 1996), 1.

41) Willie Patrick Carrington, The Magnet School Program As a Desegregation Tool in School Districts Receiving Federal Funds From the Magnet Schools Assistance Program in 1995 (PhD diss.,

구제 조치의 핵심 수단으로 더욱 부각되었다.[42)]

법 마그넷 프로그램은 각 학년별로 다양한 비선택 과목(선택 과목 포함) 수업을 순차적으로 제공하며, 법과 법 절차의 여러 측면을 심층적으로 다룬다. 이 프로그램은 통상적으로 9~12학년을 대상으로 하지만, 일부 초등학교와 중학교에서도 운영되며, 특정 고등학교에서는 11학년과 12학년 학생만을 위해 개설되기도 한다. 법 마그넷 프로그램은 학교 내 인종 차별 해소 전략의 일환으로 시작되었으나, 일부는 지역사회, 학교 행정, 혹은 지역 교사들이 학생들에게 특별하고 심도 있는 법교육 기회를 제공하고자 하는 열망에서 만들어진 경우도 있다.[43)]

법 마그넷 프로그램의 상당수 교사들은 표준 교재를 활용하지 않는다. 가장 흔히 언급되는 교재는 아벳만(Arbetman), 맥마흔(McMahon), 오브라이언(O'Brien)의 생활법(Street Law)이다. 법 마그넷 프로그램은 과정의 일부 또는 과외 활동으로서 다양한 활동 학습 기회를 통해 교육과정을 심화시킨다. 대부분의 법 마그넷 프로그램은 모의재판, 지역 사회 봉사, 인턴십 등으로 구성된다. 모의재판에서 학생들은 재판을 진행하며, 민사 또는 형사법과 법원 절차에 대한 지식을 실제 사례에 적용해 본다. 지역 사회 봉사는 노숙자 보호소 봉사, 공원 정화 활동, 어린이 교육 등 다양한 형태로 이루어진다. 인턴십(유급 또는 무급)은 법원, 로펌, 경찰서,

---

Virginia Tech, 2001), 17.

42) Paula A. Nessel, "Law Magnet Programs," *ERIC Digest*, ED411178 (Bloomington, IN: ERIC Clearinghouse for Social Studies/Social Science Education, 1996), 2.

43) Nessel, *Law Magnet Programs*, 1.

정부 기관 등 법 관련 기관에서 법원 문서 정리, 기록 관리, 전화 응대, 사무 보조 등의 업무를 수행하는 형태로 진행된다.[44)]

법 마그넷 프로그램은 학생들의 높은 관심을 유도하고 실용적인 과정과 기회를 제공하여 법 관련 직업 탐색에 기여할 뿐만 아니라, 정보에 밝고 적극적인 시민으로 성장하도록 돕는다. 법 마그넷 프로그램의 핵심적인 매력은 폭넓고 수준 높은 교육 과정을 제공한다는 데 있다.[45)]

5. 법교육의 표준화

1992년, 미국변호사협회 청소년 시민성교육 특별위원회가 후원한 전국 법교육 리더십 세미나에서, 당시 국가적으로 추진되던 초·중등학교 교육과정 표준화 운동에 적극 동참하여 법교육 분야의 교육과정 표준안을 제정하기로 결정했다. 그 결과, 수년간 법교육 전문가들의 지혜와 경험을 집약하고 전국 법교육 지도자 200여 명의 의견을 수렴하여 1995년 1월, 법교육과정 표준안(Essentials of Law-Related Education)을 발표하기에 이르렀다.

법교육과정 표준안은 법교육을 '비법률가에게 법, 법 절차, 법 시스템, 그리고 이것들이 기반을 둔 기본 원칙과 가치에 관한 지식

44) Nessel, *Law Magnet Programs*, 5.
45) American Bar Association Special Committee on Youth Education for Citizenship, *A More Perfect Union: An Introduction to Law-Related Education. Presenter's Guide* (Chicago, IL: National Law-Related Education Resource Center, 1992), ERIC ED364483, 5.

과 기능을 함양하는 교육"[46]으로 정의하며, 1978년 법교육지원법의 법교육 정의를 그대로 인용한다.

법교육의 필수 내용으로 법, 정의, 권력, 평등, 재산, 자유 등의 개념을 제시하며, 교사는 이러한 추상적 개념이 특수한 맥락과 실제 검토를 통해 실질적으로 무엇을 의미하는지 가르칠 수 있다고 제안한다.[47]

법교육의 교수 방식에 대해서는 사회과 교육과정의 일부로서 교실에서 이루어지는 정규 학교 교육과정의 지위를 갖되, 다양한 학교 교육과정과 연계하여 지역사회나 미디어를 통해서도 교육될 수 있음을 명시하고 있다. 법교육의 필수 내용으로는 법, 권력, 정의, 자유, 평등 각각에 대한 구체적인 학습 내용과 더불어 미국 헌법, 권리장전, 미국 독립선언서, 연방주의자 논집(Federalist Papers), 획기적인 미국 대법원 판례 등이 핵심 문서로 제시된다.[48]

법교육 수업의 맥락과 실제에서는 효율적인 수업을 위한 필요조건, 수업 전략, 평가 등에 대하여 진술하고 있다.[49]

법교육의 기능(skills)은 탐구, 사고, 의사소통 및 사회 참여로, 태도・신념・가치는 실질적인 것과 절차적인 것으로 구분하여 제

46) American Bar Association Special Committee on Youth Education for Citizenship, *Essentials of Law-Related Education: A Guide for Practitioners and Policymakers* (Chicago, IL: American Bar Association, 1995), 2.

47) American Bar Association, *Essentials of Law-Related Education*, 3 참조.

48) American Bar Association, *Essentials of Law-Related Education*, 6-8.

49) American Bar Association, *Essentials of Law-Related Education*, 9-10.

시된다.[50)]

법교육과정 표준안은 법교육의 목표, 내용 및 효과에 대해 명확하고 구체적인 설명을 제공하며, 교사들이 법교육을 국가 수준의 사회과 교육과정이나 공민 교육 표준안 등에 통합하거나 별도의 프로그램으로 발전시키는 데 활용할 수 있도록 사회과 교육의 '내용 영역 표준안'으로서의 의의를 가진다.

50) American Bar Association, *Essentials of Law-Related Education*, 10-11.

CHAPTER IV

법교육의 유형

법교육이 학교 및 청소년 사법 프로그램에 적용되면서 다양한 형태가 나타났으며, 풀뿌리 운동의 성격에 따라 여러 법교육 유형이 현장에 등장했다. 이러한 다양한 형태의 법교육을 유형화하여 제시한 사람은 셰리 파인스타인(Sherry Feinstein)과 로버트 W. 우드(Robert W. Wood), 수전 E. 데이비슨(Susan E. Davison), 폭스 등(Fox et al.)이 있다.

1. 파인스타인과 우드의 세 가지 유형

파인스타인과 우드는 법교육의 내용 영역을 개념법(conceptual law), 생활법(street law), 지역사회 실천(community action)으로 구분하고, 미국 법교육 대부분의 접근법은 이 세 가지를 혼합한 절충적 방식을 취한다고 보았다. 각각을 살펴보면 다음과 같다.[1)]

1) Feinstein and Wood, *History of Law-Related Education*, 21.

1) 개념법 중심의 법교육

파인스타인과 우드는 개념법 중심 법교육 과정이 대법원의 획기적인 판결례를 중심으로 구성된다고 말한다. 사례연구법을 통해 학생들은 가치, 신념, 그리고 자신의 윤리를 탐구한다. 도입되는 대법원 판례는 학생들이 직면한 실제 문제를 상세히 제시하며, 독립선언서와 권리장전 또한 중요하게 다룬다. 개념 학습을 통해 법의 기초, 사법 과정의 배경, 그리고 시민 개개인의 권리와 책임을 이해하도록 돕는다.

학습 자료는 학생들의 실생활과의 연관성을 고려하여 구성된다. 화이트헤드(Whitehead)의 조언에 따라, 실생활과 동떨어진 비활성 지식(inert knowledge)은 활성 지식(ert knowledge)으로 대체하여 제시한다. 학생들의 생활과 연계되지 않는 비활성 지식은, 예컨대 미국 대통령 암기 수업에서 벗어나지 못하는 것과 같다.

헌법권리재단과 자유사회의 법에서 진행한 프로젝트는 개념법 중심의 법교육의 좋은 예시이다.[2)]

2) 생활법 중심의 법교육

법교육 프로그램의 연속선상에서 한쪽 끝을 차지하는 것이 바로 생활법 중심의 접근법이다. 폭력 및 위험에 노출된 청소년 문제에 대한 사회적 관심이 높아지면서 이 분야 학습이 촉진되었다.

2) Feinstein and Wood, *History of Law-Related Education*, 21-22.

생활법은 현재 우리 삶의 문제를 다룬다. 생활법은 끊임없이 변화하는 세계와 민주주의의 변화, 그리고 이러한 변화가 학교 교육과정에 반영되어야 한다는 점을 강조한다. 실정법(practical law), 형법, 가족법, 소년법, 소비자법, 임대인과 임차인법 등이 생활법의 주요 주제를 이룬다. 교육과정은 현재의 쟁점과 공적 관심사를 중심으로 구성된다.

교육과정 자료는 개별 교실, 교사, 학생들이 스스로 대안을 모색할 수 있도록 개발된다. 오늘날 생활법은 또래 중재, 청소년 폭력, 마약 남용과 같은 다양한 관련 주제를 아우른다.

미국 시민 법교육 연구소(National Institution for Citizen Education in the Law)는 생활법 프로젝트로 발전하여 조지타운대학 법학센터, 컬럼비아 특별구 공립학교 등과 협력 관계를 맺었다.[3)]

3) 지역 사회 실천 중심의 법교육

지역 사회 실천 중심 법교육은 지역 사회에 초점을 맞춘 접근 방식이다. 이러한 접근 방식에는 원외 활동, 캠페인, 사법 및 형사 재판 기관에서의 봉사 활동 등이 포함된다.

수업기법으로는 법 제정 참여, 모의재판, 경찰차 동행 근무, 시뮬레이션, 역할극, 의회 절차 학습, 로비 기법 등이 활용된다.

헌법권리재단의 청소년 사법 행정 프로젝트(Youth and Administration of Justice Project)와 정치・법 교육 연구소(Institute for

3) Feinstein and Wood, *History of Law-Related Education*, 22-23

Political/Legal Education)는 이러한 지역 사회 실천 중심의 법교육 프로그램을 운영한다.[4)]

2. 데이비슨의 두 가지 유형

데이비슨은 법교육 과정의 접근 방식들을 연속선상에 놓고, 한쪽 끝에는 실용적 접근법, 다른 쪽 끝에는 개념적 접근법을 두었으며, 당시 대부분의 접근법은 이 두 가지 아이디어를 다양하게 혼합한 형태라고 보았다. 데이비슨이 분류한 실용적 접근법과 개념적 접근법의 내용은 다음과 같다.

1) 실용적 접근법

데이비슨은 당시 실용적 접근법 자료를 개발한 곳으로 컬럼비아 특별구의 미국 생활법 연구소(National Street Law Institute)를 지목하며, 해당 자료가 바로 생활법(Street Law: A Course in Practical Law)이라고 소개한다.[5)]

실용적 접근법은 학생들이 법체계와 마주했을 때, 능숙하게 대처할 수 있도록 필요한 기능을 교육하는 데 목적을 둔다. 예를 들어, 체포 시 대처 방법, 계약서 서명의 의미, 민사 소송 절차 개시 방법 등과 같은 주제를 다룬다. 이 프로그램은 법체계 전반을

4) Feinstein and Wood, *History of Law-Related Education*, 23.
5) Susan E. Davison, "Curriculum Materials and Resources for Law-Related Education," *Social Education* (March 1977): 184.

이해하고, 개인 간 또는 개인과 사회 간의 분쟁 조정에 법이 어떻게 활용되는지 명확히 이해시키는 데 주력한다.

생활법은 형법, 소비자법, 가족법, 주택법, 개인의 권리, 환경법 등과 관련된 기본적인 정보를 담고 있다. 이러한 실제적 영역은 법원이 쟁점을 다루는 방식과 유사하게, 문제 중심적 토론과 활동을 통해 탐구된다. 이를 통해 학생들은 법 지식을 함양하고 법체계에 대한 존중심을 높이며, 비판적 사고 능력 발달을 촉진한다.[6)]

2) 개념적 접근법

데이비슨은 개념적 접근법의 예시로 자유 사회의 법(Law in a Free Society)을 제시한다. 자유 사회의 법은 학생들이 알아야 할 법 정보 중심의 교육과정 대신, 우리 정치 및 법체계의 기초적이고 포괄적인 8개 개념, 즉 정의, 책임, 다양성, 권위, 자유, 참여, 프라이버시, 재산을 중심으로 구성된다.[7)]

자유 사회의 법은 가치 명료화와 비판적 추론 능력 개발을 중시한다. 법은 포괄적, 인문학적, 학제적 관점에서 검토된다. 예를 들어, 우리 사회의 논쟁이 진정될 수 있는 이유는 무엇인가? 사회적 안전과 복지를 보장하면서 개인의 권리를 극대화하는 사회적 상호작용을 이루려면 어떻게 해야 하는가? 특정 행위 과정의 공과는 무엇인가? 더 구체적으로, 학생의 관점에서 휴식 시간의 게임 규칙은 어떻게 정해야 하는가? 학교 정책 결정은 누가 해야

---

6) Davison, "Curriculum Materials," 184.
7) Davison, "Curriculum Materials," 184.

하는가? 총기 통제 법안을 지지해야 하는가? 등의 질문이 제기될 수 있다.[8)]

3. 폭스 등의 법교육에 대한 세 가지 관점

폭스 등은 법교육이 다양한 방법과 형태로 개념화될 수 있다고 보고, 청소년 사법의 관점에서 무서운 진실(scared straight), 황제의 옷(the emperor's clothes), 참여 법교육 등 세 가지 법교육 접근법을 제시한다.

1) 무서운 진실: 공포와 위협을 통한 법교육

'수감자 방문 프로그램(Inmate Visitation Program)'은 1970년대 미국 뉴저지주 라웨이(Rahway) 교도소에서 처음으로 개발되었다. 이 프로그램은 범죄를 저질렀거나 범죄를 저지를 위험이 있다고 여겨지는 청소년에게 교도소의 규칙을 소개하고, 실제 교도소 환경을 직접 참관하게 하는 교육 방식이다. 청소년들은 수용자들의 증언을 통해 수감 생활의 고통스럽고 가혹한 현실을 듣게 된다. 이러한 접근은 범죄 행위의 부정적 결과를 직접 보여줌으로써 청소년들이 범죄로부터 멀어질 수 있을 것이라는 전제에서 출발하였다.

8) Davison, "Curriculum Materials," 184.

이 접근법의 핵심 논리는, 불법 행위의 부정적 결과를 인식한 청소년은 스스로 그러한 결과를 초래하는 행동을 하지 않게 된다는 것이다. 즉, 위협적이고 불명예스럽거나 혐오스러운 경험에 노출된 청소년은 미래에 비행을 회피하기 위한 강력한 동기를 갖게 된다고 본다.[9)]

그러나 이러한 접근법은 몇 가지 모호한 가정에 기초하고 있다.

첫째, 이 접근은 개인이 과거 비행 행위에서 얻는 쾌감이나 혐오스러운 결과로부터 아무런 학습적 의미를 얻지 못한다고 가정한다. 그러나 실제로 많은 청소년은 과거의 부정적 경험에 대한 거리낌 없이, 비행 행위 자체에서 쾌락을 느끼며 이를 반복하는 경향이 있다.[10)]

둘째, 청소년들이 제재 없이 불법 행위를 저지르는 또래를 거의 모르거나, 알더라도 그 수가 극히 적다고 전제한다. 하지만 실제로 대부분의 비행 청소년은 비행 친구를 가지고 있으며, 또래와 함께 불법 행위를 저지르는 경험을 공유한다. 나아가 그들은 이러한 또래 관계를 긍정적으로 인식하는 경우가 많다.[11)]

셋째, 사법 체계의 처벌 과정이 청소년들에게 전반적으로 강한 공포심을 불러일으킨다고 가정한다. 그러나 청소년에게는 사법적

9) James W. Fox, Kevin I. Minor, and J. B. Wells, "Three Faces of Law-Related Education: Toward a Clarification of Definition," in *Law-Related Education and Juvenile Justice: Promoting Citizenship among Juvenile Offenders*, ed. Deborah Williamson, Kevin I. Minor, and James W. Fox (Springfield, IL: Charles C. Thomas Publisher, 1997), 16–17.

10) Fox, Minor, and Wells, "Three Faces of Law-Related Education," 17.

11) Fox, Minor, and Wells, "Three Faces of Law-Related Education," 17.

제재보다 또래 집단에서의 소외가 훨씬 더 큰 두려움이 될 수 있다. 따라서 비행 행위의 '유인력(pull)'은 오히려 이러한 법교육 접근이 기대하는 억제 효과보다 더 강력하게 작용할 가능성이 있다.[12)]

2) 황제의 옷: 신뢰와 찬탄을 통한 법교육

'황제의 옷' 접근법은 사법 체계의 완전성을 전제하며, 청소년을 미성숙하고 부조화한 존재로 간주한다. 따라서 청소년이 사법 체계에 순응하도록 만드는 것을 교육의 목표로 삼는다. 이를 위해 법교육은 사법 체계 구성원(예: 판사, 교도관, 경찰관, 검사, 보호관찰관)의 역할을 설명하고, 체계의 필수 요소(예: 경찰청, 법원, 교도소)가 이상적으로 기능하는 모습을 교육한다. 이 과정에서 규칙과 법의 신성함이 강조된다.[13)]

이 접근법의 핵심은 '우리의 생활 방식'에 대한 맹목적 수용에 있다. 표면적으로 내세운 목표는 법과 정의 체계에 대한 존경심을 고취하는 것이지만, 실제로는 무비판적인 복종과 찬양의 태도를 형성하는 데 중점을 둔다. 황제의 옷 접근법은 '무서운 진실 접근법'과 달리 법체계에 대한 공포나 위협보다는 맹목적인 신뢰와 찬탄을 지향한다. 이러한 교육 과정에서는 사법 체계나 그 구성원에 대한 비판적 사고가 허용되지 않으며, 학생들은 다양한 사회 영역의 권위자들을 무조건 따르도록 요구받는다. 교육의 초점은 사법

12) Fox, Minor, and Wells, "Three Faces of Law-Related Education," 18.
13) Fox, Minor, and Wells, "Three Faces of Law-Related Education," 18-19.

행정 담당자들의 '신성한 책임'을 강조하는 데 맞추어져 있다.

이러한 맥락에서 교사는 교육자라기보다 단순한 '여행 가이드'에 가깝다. 교육의 여정은 비판적 성찰이 아닌, 체계에 대한 관찰과 찬탄으로 구성된다. 학생은 사회 체계의 능동적 구성원이 아니라, 그저 체계의 일원이 되기 위해 길러지는 수동적 훈련생으로 취급된다.[14)]

그러나 이 접근법은 현실과 괴리되어 있다. 청소년들은 일상 속에서 직접 혹은 간접적으로 사법 체계를 경험하며, 사회의 정의와 불의를 체감한다. 오늘날 청소년들은 마치 『황제의 새 옷』의 아이처럼, '황제의 옷'이 허구적임을 인식하고 있다. 그들은 모든 경찰이 정직하지 않으며, 부패한 판사도 존재하고, 사법 체계가 항상 공정하게 작동하지 않는다는 사실을 알고 있다.[15)]

결과적으로, 황제의 옷 접근법은 법교육의 학습자를 사법 체계로부터 분리된 존재로 간주하고, 그들을 체계의 행위자가 아닌 외부 관찰자로 위치시킨다. 이러한 관점은 청소년이 세계 속에서 자신의 위치를 능동적으로 탐색하기보다, 수동적인 학습자로 머무르게 하는 문제를 초래한다.[16)]

3) 참여 법교육: 행함을 통한 학습

법교육에서 앞선 두 접근법의 대안으로, 학습자가 학습 순환 과

---

14) Fox, Minor, and Wells, "Three Faces of Law-Related Education," 19.
15) Fox, Minor, and Wells, "Three Faces of Law-Related Education," 19.
16) Fox, Minor, and Wells, "Three Faces of Law-Related Education," 20.

정에 적극적으로 참여하는 방식을 고려할 수 있다. 청소년 사법에서 법교육은 태도와 행동의 변화를 지향하며, 이러한 변화는 행함을 통한 학습을 통해 가능하고, 이는 데이비드 A. 콜브(David A. Kolb)의 경험 학습 과정과도 부합한다.[17]

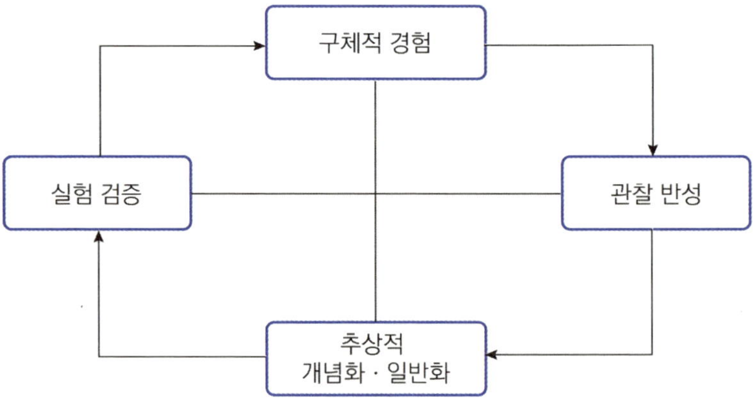

콜브의 경험 학습 순환과정

경험 학습의 순환 과정은 무단결석 학생을 대상으로 하는 법교육에도 효과적으로 적용될 수 있다. '무단결석'이라는 구체적인 경험이 학습의 출발점이 되며, 이는 순환 과정의 다음 단계를 위한 토대가 된다. 다음 단계에서는 모든 법교육 참가자들이 무단결석 경험을 함께 논의하고, 서로의 반응과 관찰을 공유한다. 이러한 과정을 통해 무단결석 학생은 자신의 행동을 다양한 관점에서 성찰하며, 무단결석의 의미를 탐색하기 시작한다.

반성 단계에서 학습자는 무단결석에 대한 논리적 일반화와 결

17) Fox, Minor, and Wells, "Three Faces of Law-Related Education," 20.

론을 도출하게 된다. 이후 무단결석의 장단점을 주제로 한 토론을 통해 참가자들은 문제를 통제하기 위한 최선의 방안을 모색하고 제시한다.

순환 과정의 마지막 단계에서는 앞서 도출된 일반화와 결론을 실제 생활에 적용하여 미래의 결정과 행동에 반영한다. 이 단계에서 학습자는 과거의 행동을 수정하거나 새로운 행동을 시도하며, 그 결과를 다시 관찰하고 반성하게 된다. 예를 들어, 출석 개선이라는 새로운 경험을 통해 학습의 순환이 이어진다.

이러한 접근은 학생이 단순히 지식을 수동적으로 받아들이는 존재가 아니라, 자신의 경험을 바탕으로 적극적으로 참여하고 성장하는 학습자로 기능하도록 돕는다.[18)]

행함을 통한 학습 접근법은 학습자의 독자적인 학습 스타일을 활용하므로, 학습 스타일의 차이를 고려한 유연한 접근이 가능하다. 구체적인 경험을 통한 정보 입력과 반성적 관찰을 통한 정보 처리 능력이 뛰어난 학생은 실제적인 만남과 상황에 기반한 학급 상호작용 및 토론을 통해 최상의 효과를 얻을 수 있을 것이다. 정보 입력 방식은 같으나, 적극적인 실험을 통해 정보를 처리하려는 학생들은 체험 중심의 프로젝트, 실천, 문제 해결에 효과적으로 반응할 수 있다. 추상적인 정보 입력과 반성적 정보 처리를 선호하는 학생들에게는 정의, 서술, 분석, 명료화 등을 강조하는 전통적인 방법이 적합할 것이다. 추상적 정보 입력을 선호하면서도 적극적인 검증을 통해 정보를 처리하려는 학생들에게는 원리를 현실에

18) Fox, Minor, and Wells, "Three Faces of Law-Related Education," 21.

적용하는 능력을 함양하는 활동과 함께 원리를 제시하는 것이 효과적일 것이다.[19]

참여형 법교육은 그 이점에도 불구하고 실제 실행에는 더 많은 어려움이 따른다. 이 접근법은 강사에게 많은 것을 요구한다. 강사는 정교한 계획 수립은 물론, 다른 두 접근법보다 더 폭넓은 참여가 필요하다. 더욱이 학습 스타일 편차에 대한 인식과 이해가 필수적이다.[20]

"무서운 진실", "황제의 옷" 접근법은 학습자와 분리되어, 복종을 당연시하는 사회 시스템을 전제한다. "참여 법교육"은 모든 구성원의 적극적인 참여를 필요로 하는 사회 시스템을 전제로, 학생들에게 참여 기회를 제공하는 데 중점을 둔다. 폭스 등은 세 번째 접근법인 참여 법교육만이 교육적이고 적절한 법교육이라고 평가한다.

19) Fox, Minor, and Wells, "Three Faces of Law-Related Education," 23.
20) Fox, Minor, and Wells, "Three Faces of Law-Related Education," 24.

CHAPTER V

법교육의 목표

모든 교육과정은 목표, 내용, 방법, 평가의 네 가지 요소로 구성되어 있으며, 교육 목표는 교육의 정점에 해당하는 것으로 교육의 기본 방향, 성격을 나타내며, 내용, 방법, 평가의 준거로서 교육의 출발점이 된다. 본 장에서는 법교육과 관련된 주요 인물 및 기관의 문서에 나타난 목표를 살펴보고, 법교육이 주로 이루어지고 있는 사회과 교육의 목표와의 관련성을 파악함으로써, 사회과 교육의 하위 목표로서 법교육 목표를 명료화하고자 한다. 또한 법교육지원법에 명시된 법교육 목표도 살펴본다.

1. 법교육의 목표: 시민적 자질

법교육 목표를 제시하는 문헌이나 연구는 많지만, 내용상 큰 차이가 없으므로 서술의 편의를 위해 법교육 역사에서 주요 인물 및 기관의 문헌에 제시된 내용을 확인해 본다.

법교육의 아버지라 불리는 스타(Starr)는 법교육의 목표를 단순히 변호사 양성이 아닌, 가치 갈등을 새로운 시각으로 바라보는 미국 시민 양성[1)]이라고 명확히 밝힌 바 있다.

미국 교육부(U. S. Office of Education) 법교육 연구회(the Study Group on Law-Related Education) 최종 보고서는 법교육을 "사람들에게 법, 법 절차 및 법 시스템에 대한 적절한 지식과 이해, 그리고 기본적인 훈련을 제공함으로써, 일반 교육의 일부로서 더 많은 정보를 갖춘 효과적인 시민이 되는 데 도움이 되는 교육"[2)]이라고 함으로써 시민의 육성을 목표로 함을 나타내고 있다.

미국 법무부 산하 청소년 사법 및 비행 예방국이 지원한 법교육 국가 연수 및 보급 프로그램 매뉴얼에는 초·중등학교 법교육의 주요 목적을 입헌 민주주의 사회에서 시민적 자질 함양을 위한 교육[3)]이라고 명시되어 있다.

법교육 교육과정 표준안인 법교육과정(Essentials of Law-Related Education)에서는 "법교육자들이 우리 사회가 요구하는 활동적인 시민, 즉 자신이 속한 시민 공동체를 이해하고 그 공동체에 긍정적으로 기여하는 사람을 양성하고자 노력한다"[4)]고 밝힘으로써 법교육의 목적이 시민 양성에 있음을 드러내고 있다.

이처럼 법교육은 초기부터 오늘날에 이르기까지 시민적 자질 함양을 목표로 삼아 왔다. 이는 시민성교육으로서 사회과 교육의

---

1) Isidore Starr, "Reflections on Law Studies in the Schools Today," in *Reflections on Law-Related Education*, ed. Susan Davison (Chicago, IL: American Bar Association Special Committee on Youth Education for Citizenship, 1973), 13.
2) U. S. Office of Education, *Final Report of the Study Group on Law-Related Education* (Washington, D. C.: Department of Health, Education, and Welfare, Office of Education, 1978), ED175737, 1.
3) Arbetman, *Developing Law-Related Education*, 3.
4) American Bar Association, *Essentials of Law-Related Education*, 2.

목표와 궤를 같이한다. 다만 법교육에서 함양하고자 하는 시민적 자질, 즉 그 구성 요소에 대해서는 다양한 의견이 존재해 왔다.

2. 법교육에서 시민적 자질의 구성요소

법교육에서의 시민적 자질에 대한 견해는 개인 및 문헌에 따라 다소 상이하지만, 여기서는 법교육 역사 속 주요 인물과 기관의 문헌에서 시민적 자질이 어떻게 제시되어 왔는지 살펴본다.

스타(Starr)는 법 교육의 목표를 지식, 이해, 기능, 태도, 존중이라는 네 가지 전통적인 범주로 구분하였다. 지식과 이해의 주요 아이디어로는 자유, 정의, 평등, 재산, 권력 등이 제시되었다.[5] 기능에는 법 자료를 활용한 문제 분석 능력, 사례 연구를 통한 관련 사실과 법률의 연관성 파악 능력, 추론 능력, 그리고 비판적 사고, 참여, 토론 등이 포함된다.[6] 태도의 예시로는 탐구에 정직하게 임하는 자세(honest inquiry)를 들 수 있다. 존중은 자신의 신념에 따라 행동하는 것을 의미하며, 현실적인 활동에 참여하거나 법을 도구 삼아 건설적인 변화를 추구하는 기회를 갖는 것 등이 그 예가 될 수 있다.[7]

미국 교육부(U. S. Office of Education)의 법교육 연구위원회

5) Starr, "Reflections on Law Studies," 12.
6) Starr, "Reflections on Law Studies," 13-15.
7) Starr, "Reflections on Law Studies," 15-16. 스타(Starr)는 존중(appreciation)을 단순히 존중하는 마음에서 끝나지 않고, 행동으로 이어지는 실천적 의미로 사용하고 있다.

(the Study Group on Law-Related Education)에 미국변호사협회가 보낸 (법교육 지도자들이 공동 작성한) 문서에는 "법교육을 복잡하고 변화하는 사회에서 법과 법적 문제에 효과적으로 대응하는 데 필요한 지식, 이해, 기능, 태도 및 존중을 학생과 교사에게 길러주는 조직화된 학습 경험"[8]이라고 정의하며, 시민적 자질 육성을 위해 지식, 이해, 기능, 태도 및 존중을 함양해야 한다고 강조한다.

미국 법무부 산하 청소년 사법 및 비행 예방국이 지원한 법교육 국가 연수 및 보급 프로그램 매뉴얼에서는, 법교육이 교육과정에 포함되어야 하는 이유로 지식 개발, 시민권 함양에 필요한 비판적 사고 및 참여 기능 개발, 긍정적인 태도 개발, 그리고 비행 예방 등[9]을 적시하며, 시민적 자질 함양을 위해 지식, 기능, 태도의 개발이 중요하다고 밝히고 있다.

법교육과정(Essentials of Law-Related Education)에서는 "법교육을 법의 지배에 기반한 다원적이고 민주적인 사회에서 학생들이 효과적으로 역할을 수행하는 데 필요한 지식, 기능, 가치를 육성하는 것"[10]으로 이해하며 시민적 자질 함양을 위해 지식, 기능, 가치를 길러야 한다고 강조한다.

법교육 목표인 시민적 자질의 구성 요소에 대해서는 기본적으로는 벤자민 S. 블룸(Benjamin S. Bloom)의 1956년 교육 목표 분류학(Taxonomy of Educational Objectives)에 바탕을 두고 인지적 영역을 지식으로, 심동적 영역을 기능으로, 정의적 영역을 태도로

8) U. S. Office of Education, *Final Report*, 36-37.
9) Arbetman, *Developing Law-Related Education*, 3.
10) American Bar Association, *Essentials of Law-Related Education*, 2.

하여 분류하고 있다. 다만, 태도 영역은 가치로 대체되거나 다른 요소가 추가되어 제시되기도 한다.

3. 사회과 법교육의 목표

2022 개정 사회과 교육과정에서 사회과 법교육의 목표를 구체적으로 명시하고 있지는 않으나, 2022 개정 사회과 교육과정에서 내용 영역으로 '법'이 특정됨으로써 법교육은 사회과 교육의 목표를 달성하기 위한 하위 내용 영역이 된다. 따라서 법교육의 목표는 사회과 교육의 목표를 지향한다. 사회과 교육의 목표는 사회과 교육과정의 성격 및 목표에서 제시되고 있다. 먼저 성격에 진술된 내용을 보면 다음과 같다.

> 사회과는 학생들이 사회생활에 필요한 지식과 기능을 익혀 이를 토대로 시·공간 속의 인간과 사회현상을 인식하고, 민주 사회의 구성원에게 요구되는 가치와 태도를 지님으로써 시민으로서의 자질을 갖추도록 하는 교과이다.[11)]

다음으로 목표에 진술된 내용은 다음과 같다.

> 사회과는 학생들이 시민으로서의 자질을 함양할 수 있도록 사회현상에 관한 기초적 지식을 습득함은 물론, 지리, 역

11) 교육부, 『사회과 교육과정』 (교육부 고시 제2022-33호 [별책 7], 국가교육위원회 고시 제2024-3호 일부개정 포함, 2024. 8. 26.), 6.

> 사, 제 사회과학의 기본 개념과 원리를 발견하고 탐구하는 능력을 익혀 우리 사회의 특징과 세계의 여러 모습을 종합적으로 이해하게 한다. 또한 사회과는 다양한 정보를 활용하여 현대 사회의 문제를 창의적, 합리적으로 해결하는 데 적극적으로 참여하는 능력과 태도를 기르는 것을 목표로 한다. 이를 통해 사회과는 개인의 성장은 물론, 지역사회・국가・세계의 발전에 기여할 수 있는 책임 있는 시민을 기른다.[12)]

요컨대, 사회과 교육의 목표는 '시민적 자질'을 함양하는 데 있다. 시민적 자질 함양을 위해 다음 세 가지 구성요소를 제시한다.

첫째, 지식 목표이다. 지식은 사회현상에 관한 기초 지식, 제 사회과학의 기본 개념과 원리 등을 포함한다.

둘째, 기능 목표다. 사회문제에 대한 창의적, 합리적 해결 능력과 참여 능력 등이 그것이다.

셋째, 가치・태도 목표다. 사회문제 해결에 적극적으로 참여하려는 태도, 개인・지역 사회・국가・세계 발전에 기여하는 책임 등이다.

2022 개정 사회과 교육과정에서는 사회과의 세부 목표를 제시하고 있는데, 이를 법교육과 관련지어 진술하면 다음과 같다.

- 사회의 여러 현상과 특성을 법 제도와 관련지어 이해한다.
- 사회생활에서 법과 관련한 기본적 지식과 법 현상에 대한 기본적인 원리를 종합적으로 이해하고 현대 사회의 성격 및 민주적 사회생활을 위하여 해결해야 할 법 관련 문제를 파악한다.

12) 교육부, 『사회과 교육과정』(2022 개정, 일부개정 2024), 6-7.

• 법 현상을 파악하는 데 필요한 지식과 정보를 획득, 분석, 조직, 활용하는 능력을 기르며, 공동체 생활과 관련된 여러 법적 문제를 합리적으로 해결하기 위한 탐구 능력, 의사 결정 능력 및 사회 참여 능력을 기른다.
• 우리 사회가 당면한 법적 문제들에 관심을 가지고 개인 · 지역사회 · 국가 · 세계적 차원에서 지속가능한 삶을 위해 적극적으로 노력하는 태도를 가진다.

4. 법교육지원법의 법교육 목표

법교육지원법은 2008년 3월 28일 제정되었다. 법교육지원법을 제정하게 된 것은 2004년 11월, 법무부 정책위원회에서 법적 분쟁의 빈발과 법 경시 · 불신 풍조의 만연, 민주주의 정착과 국민 참여의 확대, 학교 폭력 등 청소년 비행 예방 등에 대응하여 법교육 추진 결의를 하게 되었고,[13] 이후 법무부는 2005년 법교육연구위원회 발족시키고 2006년에 동위원회의 최종보고서를 발표하였다. 이 보고서에서는 법교육의 필요성을 불필요한 법적 분쟁의 예방, 학교폭력 등 청소년 비행에 근본적인 대책 마련, 자율적 시민사회 조성을 위한 국민 법의식 선진화 등에서 찾고 있다.[14] 2007년 11월, 이주영 의원 외 16인이 발의한 법교육지원법안의 제안이유서에서는 학교 폭력, 극단적인 노사갈등, 사회적 양극화와 같

13) 법무부, 『법교육 사업 주요 자료』(2005), 1-2.
14) 법무부 · 법교육연구위원회, 『우리나라 법교육의 발전방향』 (서울: 대한교과서(주), 2006), 66.

은 사회구조적 문제 해결, 2008년부터 시행되는 「국민의 형사재판 참여에 관한 법률」에 따른 일반 국민의 형사재판 배심원 참여에 대한 제도적 뒷받침, 그리고 자유민주주의 기본 질서 확립을 통한 선진 법치국가로의 발돋움을 위해 법교육이 필요하다고 역설하였다.[15] 요컨대 법교육지원법은 법적 분쟁 증가, 법 경시 풍조, 국민의 형사재판 참여, 학교 폭력 대처, 노사갈등 및 사회 양극화와 같은 사회구조적 문제 해결 등 당면한 국가·사회적 요구를 반영한 결과였다.

법교육지원법에서 제시하는 법교육의 목표는 제2조(정의)에 명시되어 있다.

> "법교육"이란 청소년 및 일반국민에게 법에 관한 지식과 기능, 법의 형성과정, 법의 체계, 법의 원리 및 가치 등의 제공을 통하여 민주 시민으로서 필요한 법적 이해능력, 합리적 사고능력, 긍정적 참여의식, 질서의식, 헌법적 가치관 등을 함양함을 목적으로 하는 법과 관련된 일체의 교육을 말한다.

법교육지원법 또한 법교육 목표를 '… 시민으로서 필요한 …이해능력, …사고능력, …의식, …가치관 등을 함양함을 목적하는'이라고 명시하여 시민에게 필요한 자질 함양을 강조한다. 시민적 자질을 지식, 기능, 가치·태도 영역으로 구분하면, 지식은 법 지식, 법의 형성과정, 법 체계, 법 원리이고, 기능은 법 기능, 합리적 사

15) 이주영 외, 『법교육지원법안』 (이주영의원 대표 발의, 2007), 1-2.

고 능력이며, 가치·태도는 긍정적 참여 의식, 질서 의식, 헌법적 가치관 등이다.

사회과의 법교육 목표와 법교육지원법의 법교육 목표는 모두 시민적 자질 함양을 강조하며, 지식, 기능, 가치·태도 등의 구성 요소로 이루어져 있다. 다만, 세부 목표에서 차이가 나타나는 것은 법교육의 대상과 범위, 교육과정의 중점, 또는 입법 목적의 차이에서 비롯된 결과로 이해할 수 있다.

CHAPTER

Ⅵ 법교육의 내용

법교육은 학교나 지역 사회의 어떤 과정으로 진행되느냐에 따라 그 내용이 달라질 수 있다. 여기서는 학교의 정규 교과, 즉 사회과에서 진행되거나 독립된 과정으로 운영되는 경우를 상정하여 법교육의 내용 선정 범위(scope), 내용 배열(sequence) 등을 나누어 살펴보도록 한다.

1. 법교육에서의 내용 선정 범위(Scope)

내용 선정 범위는 교육 목표 달성을 위해 다양한 내용 선정 자원으로부터 어느 정도의 폭과 깊이로 내용을 취할 것인가를 결정하는 것을 의미한다. 그러므로 이는 교육 내용 구성 차원에서 수평적 조직과 연관된다. 법교육에서 제시하는 내용 선정 범위는 다음과 같다.

법학의 주요 개념들이 있다. 법교육은 사회의 구조와 기능의 근간을 이루는 법의 기초 개념들을 교육 내용으로 선정한다. 미국 사회과 교육과정 표준안은 입헌 민주주의의 기본 가치로 자유, 정의, 평등을 제시하며,[1] 법교육과정 표준안과 버지니아주 법교육과

정 가이드 역시 권력, 정의, 자유, 평등을 핵심 개념으로 설정하고 있다.[2]

실용적인 생활법들이 있다. 일반 시민들은 일상생활에서 다양한 법률과 직접 마주하게 된다. 생활법(Street Law) 프로그램은 형법, 소비자법, 가족법, 주택법 등 실용적인 법률을 다루며,[3] 법교육과정 표준안 역시 형법, 민법 등 일상생활과 관련된 법률을 법교육 내용으로 제시한다.[4]

법 관련 쟁점들이 있다. 법은 연령이나 환경에 구애받지 않고 우리 삶 전반에 깊숙이 관여하므로, 법교육은 실제 상황 속에서 사람들에게 영향을 미치는 현실적인 문제에 집중해야 한다.[5] 법교육과정 표준안 역시 법교육 내용 선정의 범위로 실제 상황에 기반한 쟁점을 제시한다.

이러한 내용 선정 범위는 사회과의 내용 선정 범위와 맥을 같이한다. 사회과에서 제시하는 내용 선정 범위 중 사회문제 중심의 스코프는 법 관련 쟁점과, 사회과학 개념 중심의 스코프는 법학의 주요 개념과 그 맥을 같이한다고 볼 수 있다.

---

1) National Council for the Social Studies, *National Curriculum Standards for Social Studies: A Framework for Teaching, Learning, and Assessment* (Silver Spring, MD: National Council for the Social Studies, 2010), 47, 63.

2) American Bar Association, *Essentials of Law-Related Education*, 2; Robin H. McBee, *Living the Law by Learning the Law: A K-12 Law-Related Education Curriculum Guide* (Richmond, VA: Virginia Commonwealth Univ., Inst. for Law and Citizenship Studies, 1994), ED381482, 7.

3) Lee Arbetman, "Street Law, Inc.: Context, History and Future," *International Journal of Public Legal Education* 2, no. 1 (2018): 6.

4) American Bar Association, *Essentials of Law-Related Education*, 3.

5) American Bar Association, *Essentials of Law-Related Education*, 2.

2. 법교육에서의 내용 배열(Sequence)

내용 배열이란 교육 목표 달성을 위해 학습자에게 일정 기간 동안 교육 내용을 제시하는 순서를 의미한다. 따라서 교육 내용 구성에 있어 수직적 조직과 연관된다. 법교육이 별도 과정으로 운영되거나 사회과에 통합되어 적용될 때, 통상적으로 알려진 내용 배열의 원리는 다음과 같다.

나선형 배열의 원리가 있다.

이는 교육 내용을 학습자의 연령이나 학년에 따라 점차 폭과 깊이를 확대하고 심화하도록 구성하는 것을 의미한다. 교육 내용 선정 범위를 법학의 주요 개념 중심으로 설정할 때 적용되는 조직 방법이다. 다음 표는 나선형 배열 원리가 반영된 교육과정의 일부를 보여준다.

〈표 Ⅵ-1〉 버지니아 주 법교육과정 가이드의 내용 배열

교육과정	개념	학년 및 학교급			
		Pre K~2학년	3~5학년	6~8학년	9~12학년
법을 배우며 법을 체험하기(Living the law by learning the law, 1994)	권력	사회의 변화에 따라 규칙과 법이 진화한다.			
		• 법의 근거와 필요 • 규칙과 법의 의미 • 권위의 원천과 사용	• 민주주의의 기원 • 역사 속 법 문서	• 민주적 과정의 역할 • 법의 역사/진화	• 법의 유형 • 도덕/윤리/법철학 • 법의 역사/진화

교육과정	개념	학년 및 학교급			
		Pre K~2학년	3~5학년	6~8학년	9~12학년
		시민의 권리에는 책임이 수반한다.			
		• 미국 시민의 권리 • 효과적인 집단 참여	• 미국 시민의 권리 • 효과적인 집단 참여	• 시민의 책임 • 시민의 자유	• 투표 • 시민의 책임 • 시민 서비스
		통치는 집단의 자율 통제와 관리에 사용하는 프로세스다.			
		• 학급규칙 만들기 및 절차 • 권위의 원천과 사용	• 헌법과 권리장전 • 정부 부처	• 헌법 원리 • 통치의 철학	• 헌법 원리 • 다수 대 소수
	자유	시민의 권리에는 책임이 수반한다.			
	자유	• 학급문제 민주적 해결 • 다양한 관점	• 학급문제 민주적 해결 • 다양한 관점	• 인권 • 적법 절차 • 시민의 자유	• 인권 • 판례법 • 헌법과 권리장전
	자유	통치는 집단의 자율 통제와 관리에 사용하는 프로세스다.			
	자유	• 학급의 요구 대 개인 • 다수 대 소수	• 민주적 가치 • 다수 대 소수	• 사생활의 자유 • 재산권	• 관습/성문/판례법 • 사회/정치 집단 차이 • 국제법

출처: McBee, *Living the Law by Learning the Law*, 7에서 발췌.

환경확대법의 원리가 있다.

환경확대법은 학습자의 일상 경험이 가족(1학년)에서 시작하여 이웃(2학년), 고장(3학년), 지역(4학년), 국가(5학년), 세계(6학년)로 점차 확장된다는 관점에 따라 교육 내용을 배열하는 방식을 의미한다. 대부분의 국가에서 초등학교 사회과는 환경확대법을 따르고 있으며, 우리나라 역시 이를 기본으로 한다. 다음은 환경확대법이 일부(5~6학년) 반영된 우리나라 초등학교 사회과 교육과정의 예시이다.

〈표 Ⅵ-2〉 우리나라 초등학교 사회과 법 영역 내용 체계

범주		내용 요소	
		초등학교	
		3~4학년	5~6학년
지식·이해	법과 생활	-	• 법의 적용 사례 • 법의 의미와 역할
	인권과 기본권	-	• 인권의 의미 • 헌법상 인권의 내용 • 인권 침해 문제의 해결 • 인권 보호 활동 참여
	헌법과 국가	-	• 국회 • 행정부 • 법원 • 권력 분립
과정·기능		• 법적 문제 관련 정보를 수집·분석하기 • 인권 침해 문제를 합리적으로 해결하기 • 권력 분립의 이유를 탐구하기	
가치·태도		• 시민으로서의 준법 태도 • 권리와 책임의 조화 • 인권 친화적 태도 • 국가기관에 대한 비판적인 태도	

출처: 교육부. 『사회과 교육과정』 (교육부 고시 제2022-33호 2024. 8. 16.)

우리나라 사회과 교육과정의 법 영역에서 '지식 · 이해' 범주는 5~6학년군에서만 제시되고, '과정 · 기능', '가치 · 태도' 범주는 모든 학년군에서 제시되어 있다. 5~6학년군의 지식 · 이해 범주에서는 환경확대법에 따라 국가 및 세계 차원의 주제인 법, 헌법, 삼권분립, 인권 등을 다루고 있다. 반면, 3~4학년군의 법 영역에서는 '과정 · 기능', '가치 · 태도' 범주만 제시되어 있다. 환경확대법에 따르게 될 때, 3학년에서는 우리 고장의 법과 관련된 문제 해결, 4학년에서는 우리 지역(광역시 · 도)에서의 법과 관련된 문제 해결 중심으로 한 학습이 이루어질 수 있다. 즉, 3~4학년군에서는 각 학년에 해당하는 환경(고장, 지역)을 고려하여 '과정 · 기능' 및 '가치 · 태도' 범주의 학습이 이루어지는 방향으로 나아갈 수 있다.

3. 법교육 내용의 교육과정 통합 방안

법교육의 내용은 교육과정에 어떠한 방식으로 통합하느냐에 따라 그 전개 양상이 다양하게 나타날 수 있다. 법교육은 기존 교육과정에 내재된 법 관련 내용을 학생들과의 상호작용적 접근으로 나아가는 수업을 통한 통합 방식으로 시작되었다.

이와 더불어, 별도의 법교육 내용을 기존 교육과정에 통합하는 방법으로는 다음과 같은 세 가지 접근 방식이 존재한다.

기존 교육과정에 융합하는 방식이다.

이 방식은 법교육의 개념과 전략을 정부, 역사, 시민학, 정치, 경제 등 사회과 과목에 통합하는 방법이다. 이러한 방식은 모든 학생이 법교육과 시민성교육을 받도록 하는 효과적인 방법으로 널리 활용된다. 그러나 이 접근법은 법교육 본연의 목표가 사회과 교과 목표와 항상 일치하지 않을 수 있다는 한계를 지닌다. 일부 교사들은 교육과정의 과도한 부담을 우려하여 법교육 내용의 융합에 대해 거부감을 느낄 수 있다.[6)]

독립된 과정이나 별도의 단원을 도입하는 방식이다.

이 방식은 형법, 청소년법, 소비자 및 실용법, 가족법, 사법 제도 등 특정 주제를 다루는 독립된 과정이나 별도의 단원을 도입하는 것이다. 또는 정의, 권위, 책임과 같은 핵심 개념에 초점을 맞추는 방식으로 운영되기도 한다. 법교육 과정은 통상적으로 한 학기 동안 운영되며, 별도의 단원을 중등학교의 시민 및 정부 과목에 추가하는 방안도 있다. 초등학교 교육과정 역시 예외는 아니다.[7)]

특별한 이벤트를 활용하는 방식이다.

이 방식은 "법의 날" 행사, 모의재판, 모의법정 대회 등 특별한 이벤트를 활용하여 법교육에 접근하는 것이다. 미국 헌법 200주년 기념 전국 대회는 법교육에 대한 관심을 증진하는 대표적인 "특별 이벤트"이다. 미국 헌법 및 권리장전 전국 200주년 기념 대회의 폐막 행사로 열린 모의 의회 청문회 역시 이러한 접근 방식의 좋은 예시이다. 그 밖에도 변호사 특별 초청, 법정 견학, 에세이 콘테스트 등을 활용할 수 있다.[8)]

---

6) Robert S. Leming and Lucinda J. Peach, *Guide to Resources in Law-Related Education* (Bloomington, IN: Social Studies Development Center of Indiana University, 1990), ED316489, 2.

7) Leming and Peach, *Guide to Resources*, 2-3.

8) Carolyn Pereira, "Law-Related Education in Elementary and Secondary Schools," *ERIC Digest* (Bloomington, IN: ERIC Clearinghouse for Social Studies/Social Science Education, 1988), ED296948, 4.

법교육을 초·중등학교 사회 교과에 통합하기 위한 교육과정 구성 방안에 대해 위스콘신 사회과 교육과정 연구위원회(Wisconsin Social Studies Curriculum Study Committee)는 다음과 같은 대안을 제시했다.[9]

〈표 Ⅵ-3〉 K-12 법교육과정의 주제 통합 배열

내용	학년	k	1 2 3	4 5 6	7 8 9	10 11 12	성인
추천 법교육 주제 및 교육과정 주기	특별 주제		·········	·········	·········	·········	
	불법행위-과실			···	··· ··	··· ——	
	계약법				··	··· ——	
	가족법					———	
	교육법			——	——	———	—
	소비자법	··	······	——	———	———	—
	상법				—	———	—
	형법			——	—— ··· —	———	
	청소년법			——	———	———	
	민법			———	———	······ —	
	판례법		···	······ —	———	———	
	헌법-연방/주			—— ···	—— ···	———	
	법의 기초			——	—— ······	··· ——	
	법의 역사	···	·········	······ —	———	———	
	법 원리	···	······ —	····· —	—— ·····	———	
	시민권	—	———	———	———	———	
	헌법의 기초		·········	·· ——	———	———	

9) Wisconsin Social Studies Curriculum Study Committee, *Descriptors for Law-Related Education: A Guide to Asking Questions about Learning Related to Law in Wisconsin Schools, K-12* (Madison, WI: Wisconsin Department of Public Instruction, 1979), ED180909, 17.

내용＼학년		k	1	2	3	4	5	6	7	8	9	10	11	12	성인
법교육 기초	권위	—	—	—	—	—	—	—	—	—	—	—	—	—	—
	권리/책임	—	—	—	—	—	—	—	—	—	—	—	—	—	—
	공정	—	—	—	—	—	—	—	—	—	—	—	—	—	
기본 주제 K-12	진실	—	—	—	—	—	—	—	—	—	—	—	—	—	
	정의				—	—	—	—	—	—	—	—	—	—	
	평등									—	—	—	—	—	
	윤리-가치	—	—	—	—	—	—	—	—	—	—	—	—	—	

* ── 완전 통합 ··· 부수적 통합

출처: *Descriptors for Law-Related Education*(Wisconsin Department of Public Instruction, 1979), 17.

CHAPTER

Ⅶ 한국 법교육의 변천

사회가 있는 곳에 법이 있듯, 법이 있는 곳에는 법교육 또한 존재해 왔다고 할 수 있다. 한국의 교육 체제가 1945년 해방 이후에 현재와 같은 모습을 갖추었다고 볼 때, 이 장에서는 해방 이후 법교육이 어떠한 변화를 거쳐 왔는지 살펴보고자 한다.

법교육은 모든 교과 또는 과목과 통합하여 접근할 수 있으므로, 관련 교과 및 과목에서 다룰 수 있는 단원, 주제, 제재를 분석하여 법교육의 내용을 추출할 수 있다. 그러나 이는 매우 방대한 작업이기에, 여기서는 법과 관련된 내용이 주로 사회과에서 다루어졌다는 점을 고려하여, 사회과 교육과정 내에서 법 관련 내용을 직접 언급하거나 진술한 내용을 중심으로 살펴보도록 한다.[1)]

1) 이하에서 사회과 교육과정의 법 관련 내용은 '국가교육과정 정보센터' 사이트(https://ncic.re.kr/index.cs)의 '우리나라 교육과정' → '1945년 이후' → '1차 이전'부터 '2022 개정 시기'까지 각 교육과정기에 탑재되어 있는 사회과 교육과정, 또는 '교육과정 자료실' → 교육과정 원문 및 해설서 → '1차 이전'부터 '2022 개정시기'까지 각 교육과정기의 사회과 교육과정 원문 및 해설서에서 추출한 것이다.

1. 교육에 대한 긴급 조치의 시기(1945~1946)

1) 개요

8.15 광복 이후 한국 교육을 주도한 것은 미군정청이었다. 1945년 9월 18일, 미군정청 학무국은 '신조선의 조선인을 위한 교육 방침'을 발표하여 일본 제국주의적 색채를 없애도록 하고 초·중등학교 교과목 및 교과 시수표를 시달하였다.[2)]

또한 교과목에 대해서는 "조선의 이익에 반하는 교과목은 일체 교수함을 금함."[3)]이라고 명시하였다. 당시 교과에 공민과가 포함되어 있었는데, 이는 수신과를 폐지하고 새로운 민주 시민 양성을 위하여 도입된 것이었다.[4)]

2) 내용

공민과는 해방 직후 초등학교 개교를 위해 긴급히 도입되었으며, 1945년 12월 16일에는 '초등 공민' 교과서가 발간되었다.[5)] 당시에는 교육과정과 같은 체계적인 형식이 부재했고 중등 공민 교과서는 발행되지 않았기에, '초등 공민' 교과서 중 법 관련 내용이 담긴 5~6학년용 교과서를 중심으로 살펴보도록 한다.

2) 교육부, 『2022 개정 교육과정 총론 해설 초등학교』 (교육부 고시 제2022-33호, 2022.12.22.), 125.
3) 한국교육과정정보센터(NCIC), "원문인벤토리 · 표준인벤토리-1945년 이후," 접속일 2025년 5월 11일, https://ncic.re.kr/org4/inventoryList.cs.
4) 교육부, 『2022 개정 교육과정 총론 해설 초등학교』, 125.
5) 최용규 외, 『사회과 교육과정에서 수업까지』 (서울: 교육과학사, 2014), 72.

5~6학년 '초등 공민' 교과서는 총 15과로, 그 구성은 다음과 같다.

첫째 과 개천절(開天節), 둘째 과 세종(世宗) 임금과 한글, **셋째 과 자유**(自由), 넷째 과 인격(人格), **다섯째 과 민주정치**(民主政治), **여섯째 과 정의**(正義), 일곱째 과 노동(勞働), 여덟째 과 사회(社會), 아홉째 과 보건(保健)과 위생(衛生), 열째 과 시간(時間)지키기, 열 한째 과 용기(勇氣), 열 둘째 과 화랑도(花郎道), 열 셋째 과 나라 사이의 교제(交際), 열 넷째 과 우리 민족성(民族性), 열 다섯째 과 우리 겨레의 사명(使命)

총 15과 중에서 법 관련 있는 내용은 셋째 과 자유(自由)에서 자유(自由)의 뜻과 책임(責任), 다섯째 과 민주정치(民主政治)에서 인권(人權)과 민주정치(民主政治), 법(法)과 정치(政治)의 책임(責任), 여섯째 과 정의(正義)에서 정의의 뜻, 우리의 주장 등이다.[6]

5~6학년 공민과에서는 법이 정치 영역에서 다루어졌으며, 민주정치의 기초로서 공적인 측면이 강조되었다. 우리 민족이 독립 국가로서 나아가야 할 새로운 정치 체제는 민주주의로 제시되었고, 이를 설명하기 위해 입법, 법, 인권, 자유, 정의 등과 같은 법적 개념이 도입되었다.

'자유'와 '책임'은 각각의 의미와 상호 관계를 중심으로 설명되었으며, '정의'는 일제의 권리 침탈과 우리의 독립권 주장과 관련하여 설명되어 법적 의미와 정치적 의미가 혼재되어 나타났다.

---

6) 조선어학회, 『초등공민 제오륙학년함께씀』 (서울: 조선서적인쇄주식회사, 1945), 8-9, 14-16, 17-18.

3) 방법

교육 긴급 조치 시기 법교육의 방법은 '초등 공민' 교과서를 통해 그 일면을 확인할 수 있다.

이 시기 교과서는 민주 정치에서 입법과 법에 따른 정치의 필요성을 직접 설명하고, 자유 · 인권 · 정의의 개념을 사례를 들어 제시하고 있다. 예를 들어 자유는 우리나라의 일본으로부터의 해방, 인권은 링컨의 노예 해방, 정의는 헤이그 특사 사건을 사례로 들고 있다.

법에 대해서는 직접 설명하는 방식으로 접근하고, 인권과 정의는 사례를 통해 설명하고 있다. 여기서 사례는 해방 · 독립 · 민족 강조라는 맥락에서 도입된 것으로, 사례 자체의 분석이나 논의보다는 의미 전달과 내용 전수에 목적이 있었다.

광복 직후 미군정청 주도하에 이루어진 법교육은 일제 잔재 청산을 목표로 '공민과'에 포함되었다. 법 관련 개념은 '자유', '민주정치', '정의' 단원에서 제시되었으며, 정치 영역에서의 법의 기능을 강조하고 법을 정치 및 민족 독립과 연관지어 설명하였다. 도입된 사례는 해방, 인권 운동 등 역사적 사건 중심으로 하였으나, 이를 분석하고 탐구하는 과정은 제시되지 않았다. 학생 중심의 접근을 찾아보기는 어렵다.

2. 교수요목기(1946~1954)

1) 개요

미군정청 학무국은 교수요목[7] 제정 및 교과서 편찬 업무를 개시하여 1946년 9월에는 새로운 교과 편제를 채택하였고, 이때 '사회생활과'라는 교과가 탄생했다. 사회생활과는 사회생활 영위에 필요한 기본적인 교양을 그 내용으로 한다.

문교부는 1946년 12월 초등학교 사회생활과 교수요목을 제정·공포하고, 약 1년 후 중등학교 사회생활과 교수요목을 제정·공포하였다.[8] 중등학교 사회생활과는 공민, 역사, 지리, 직업, 자연 관찰(1~3학년) 등을 종합하여 편성되었다.[9] 또한 상업 중학 실업과의 중학 4, 5학년 과정에 법규과(法規科)가 편성되었다.

2) 내용

교수요목 시기 법교육은 초·중등학교 사회생활과, 상업 중학 실업과의 법규과 등에서 찾아볼 수 있다.

초·중등학교 사회생활과 교수요목에 나타난 법 관련 내용은 초등학교 6학년과 중학교 1, 2, 4학년에서 다음과 같이 나타난다.

---

7) 교수요목이란 교과별로 가르칠 내용의 주제 또는 제목을 열거한 것을 말하며, 교과의 지도 내용을 상세히 진술하고 있으며 체계적인 지도와 지력의 배양에 중점을 두었다.

8) 최용규, "사회과 중등교육과정론," 『한국사회과교육학개론』 한국사회과교육연구회 편 (서울: 교육과학사, 1989), 164.

9) 교육부, 『2022 개정 교육과정 총론 해설 초등학교』, 125.

〈표 Ⅶ-1〉 교수요목기 사회생활과 법 관련 내용

학년	제목	단위	세목
초6	우리나라의 발달	(8) 우리나라의 정치	4. 우리나라는 앞으로 어떠한 정치를 행할 것인가?(민주정치) (ㄱ) 민권이란 무엇인가? (ㄹ) 어째서 삼권이 분립해야 하는가?
			5. 국가와 국법의 관계는 어떠한가?
			6. 국민의 권리와 의무는 무엇인가?
중1	공민생활Ⅰ	9. 개인은 공동생활에 잘 적합되게 하여 나아가려면 어떻게 할 것인가	Ⅰ. 왜 우리는 타인의 인격을 존중하지 않으면 아니 되는가? 4. 인권은 무엇을 말함인가?
중2	공민생활Ⅱ	1. 정부와 우리	Ⅰ. 정부는 정치하는 힘을 어떻게 얻는가? 3. 헌법은 무엇이며 국가에 있어서 어떠한 뜻을 갖는가?
		2. 정치는 어떻게 운영되는가	Ⅱ. 법은 어떻게 세워지는가 1. 의회는 무엇인가 2. 의원은 어떻게 해서 되며 누구를 대표한 자인가 3. 의회에서 법을 어떻게 제정하는가 4. 의회에서는 이 밖에 어떠한 일을 하는가 Ⅳ. 사법은 어떻게 운영되는가 1. 사법이란 무엇인가 2. 사법 기관은 어떻게 짜이어 있는가 3. 대법원은 어떤 권한을 갖는가 4. 특히 "사법권의 독립"을 말함은 무슨 까닭인가
		4. 재판은 어떻게 이	Ⅰ. 재판은 어떠한 절차를 밟아서

학년	제목	단위	세목
		행되는가	하게 되는가 Ⅱ. 재판에 대하여 국민은 어떻게 협력하여야 하는가
중4	정치문제	6. 삼권분립은 어떠한 역사적 배경을 가지고 있는가	
		7. 입법, 사법, 행정 세 기관의 지위, 구성 및 권한은 어떠한가	

초등학교 사회생활과 교수요목에서 법 관련 내용은 정치 영역에 나타나며, 헌법에 규정된 국가 통치구조와 관련된다. 6학년 '우리나라의 정치' 단위에서 삼권분립, 국가와 국법 관계 등의 내용으로 법 관련 내용이 나타난다.

중·고등학교 사회생활과 교수요목에서 법 관련 내용은 공민 및 정치 영역에 나타나며, 헌법의 국가 통치구조와 관련된다. 공민생활에서는 1학년에서 개인을 공동생활 및 타인의 인권과 연관짓고, 2학년에서는 정부, 입법과 사법(司法)을, 4학년에서는 정치문제로서 삼권분립을 도입하고 있다. 또한 2학년에서는 별도의 단위에서 재판 과정을 다루고 있다.

상업 중학 실업과의 법규과 교수요목은 중학 4, 5학년을 대상으로 하며, 교수 사항을 다음과 같이 제시하고 있다.

〈표 Ⅶ-2〉 상업 중학 법규과 교수요목의 교수 사항

1. 법의 원리
   ㄱ. 법의 개념 ㄴ. 법의 목적 ㄷ. 법률 관계, 권리와 의무
   ㄹ. 법의 연원 ㅁ. 법의 효력 ㅂ. 법의 효력 ㅅ. 법의 뜻풀이
   ㅇ. 재산법과 재판과 조정

2. 재산법(1)
ㄱ. 재산법의 개념 ㄴ. 재산권 ㄷ. 재산 관계 ㄹ. 채권
ㅁ. 재산권의 주체

3. 재산법(2)
ㄱ. 법률행위 ㄴ. 상행위 ㄷ. 기간 ㄹ. 해상 ㅁ. 어음과 수표

상업 중학교 실업과 교수요목 중 법규과의 교수요지를 보면, 민법과 상법 등 사법(私法)에 관한 기초적인 지식을 지도하도록 되어 있다. 또한 교수상의 주의점에서는 '현행 제도를 이해함과 동시에 앞으로의 입법론을 고려'하도록 명시되어 있으며, 교수 방침에서는 '실제적인 법규의 이해'를 중시하고 있다. 따라서 해당 교과는 실무 법조 인력 양성에 필요한 법규 내용을 중심으로 구성되어 있다고 할 수 있다.

3) 방법

초·중등학교 교수요목에서는 법교육의 방법이 특정되어 제시되지 않으며, 사회과 교육의 일반적인 방법 속에 포괄적으로 기술되어 있다.

문제해결학습을 시사하고 있다. 사회생활과 교수요목 운용법에서는 '설문식 교수를 할 것'이라고 명시하고 있으며, 세목을 설문식으로 제시한 것은 '수업에서 문제를 제시하여 교수를 진행시키라는 의미'라고 밝히고 있다. 이는 교수·학습 과정에서 문제 제시를 권장하는 것으로 볼 수 있다. 그러나 설문식으로 제시된 세

목의 내용이 문제해결학습의 교수 원리에 부합한다고 단정하기는 어렵다.

교사와 학생의 협력적 교수를 시사하고 있다. '민주주의적 교수를 할 것'이라며, 교사의 가치 판단에 따른 단안적·명령적 교수법에서 벗어나 교사 생도가 협력하여 문제 해결을 위한 관찰, 연구, 추리, 비판 및 토론을 하여 결론에 도달할 수 있도록 지도함[10]으로써 교사의 일방적인 접근을 지양하고, 교사와 학생 간의 상호작용을 권장하고 있다.

상업 중학 법규과 교수요목의 법교육 방법은 이해 중심의 내용 전수를 시사하고 있다. 법규과의 '교수상의 주의'에서는 법규 교수를 중점주의로 하여 현행 제도의 이해를 중시하도록 제시되어 있다. 법에 대한 이해와 지식 전수를 중심으로 한 교수 방식을 내포하고 있다.

3. 제1차 교육과정기(1955~1963)

1) 개요

대한민국 정부 수립 후 1949년 교육법이 공포되어 교육의 기본 지침이 확립되자, 문교부는 미군정기에 급히 만들어진 교수요목의 미비점을 인정하고 교수요목제정위원회 규정을 제정하여 각급학교 '교과 과정' 제정에 착수하였다. 그러나 뜻하지 않은 6.25로 교

10) 문교부, 『교수요목집(12) 중학교 사회생활과』(서울: 조선교학도서주식회사, 1948), 4-5.

과 과정 제정 작업은 일단 중단되었으나, 1953년부터 재개되어 1955년 마침내 우리 손으로 초·중·고교 교과 과정이 제정, 공포되었다.[11]

초등학교와 중학교는 교수요목기와 마찬가지로 사회생활과가 설치되었고, 고등학교는 사회과로 교과 명칭을 변경하였다. 중학교 사회생활과 과정은 공민, 지리, 역사 부분으로 나뉘며, 공민 부분은 다시 1학년 공동 생활, 2학년 국가 생활, 3학년 국제 관계로 세분된다. 고등학교 사회과는 일반사회, 국사, 세계사, 지리 과목으로 구성되었다.

2) 내용

제1차 교육과정 시기 사회생활과 및 사회과의 법교육은 초등학교 6학년, 중학교 2학년, 고등학교 1학년에서 찾아볼 수 있다. 초·중학교 사회생활과 및 고등학교 사회과 교과 과정에 나타난 법 관련 내용은 다음과 같다.

〈표 Ⅶ-3〉 제1차 교육과정기 사회생활과 및 사회과의 법 관련 내용

학년	제목	단원	세목
6	우리 나라의 발달과 세계	4. 우리나라의 정치	3. 삼권분립이란 무엇인가?
			7. 우리 법원은 어떻게 일하고 있나?
		10. 국민의 본분	2. 우리나라 국민의 의무란 무엇일까? • 의무 교육 • 납세 • 국토 방위 • 근로

11) 최용규, "사회과 중등교육과정론," 164.

<table>
<tr><th>학년</th><th>제목</th><th>단원</th><th>세목</th></tr>
<tr><td></td><td></td><td></td><td>3. 우리나라 국민의 권리는 무엇일까?
• 참정권 • 자유권
• 청구권 • 교육
• 근로</td></tr>
<tr><td rowspan="15">중2</td><td rowspan="15">국가 생활</td><td rowspan="6">(2) 우리나라 민주정치</td><td>1. 중앙 정부는 누가 세우는가?</td></tr>
<tr><td>2. 중앙 정부는 국민을 다스리는 힘은 어디서 얻는가?</td></tr>
<tr><td>3. 헌법은 우리나라 조직에 어떠한 의미를 가지는가?</td></tr>
<tr><td>4. 헌법은 어째서 민주 정치에 중요한가?</td></tr>
<tr><td>5. 삼권분립이란 무엇을 말하며, 민주 정치에 어떠한 뜻을 가지는가?</td></tr>
<tr><td>6. 국민은 나라의 정치에 어떻게 참여하는가?</td></tr>
<tr><td rowspan="9">(3) 국회와 법원</td><td>1. 국회는 어떻게 구성되는가?</td></tr>
<tr><td>2. 국회는 법률을 어떻게 제정하는가?</td></tr>
<tr><td>3. 국회에서 제정된 법률은 어떻게 공포되는가?</td></tr>
<tr><td>4. 법률이 제정 공포되면 국민은 왜 그것을 따라야 하는가?</td></tr>
<tr><td>5. 국회는 법률을 제정하는 외에 또 어떠한 일들을 하는가?</td></tr>
<tr><td>6. 재판은 어째서 필요하게 되는가?</td></tr>
<tr><td>7. 법원은 어떻게 조직되며, 그 하는 일은 무엇인가?</td></tr>
<tr><td>8. 삼심 제도란 무엇을 말하며, 어떠한 뜻이 있는가?</td></tr>
<tr><td>9. 준법정신이란 무엇이며, 왜 필요한가?</td></tr>
</table>

학년	제목	단원	세목
고1	정치와 사회	(2) 국회는 어떻게 조직되며 그 하는 일은 무엇인가?	1. 우리나라 국회는 어떻게 조직되는가?
			2. 입법이란 무엇이며 국회에서 법률을 어떻게 제정하는가?
			3. 국회는 법률을 제정하는 외에 또 어떤 일을 하는가?
		(4) 법원은 어떻게 조직되며 그 하는 일은 무엇인가	1. 사법이란 무엇이며 어째서 중요한가?
			2. 우리나라에서는 어떠한 법원들이 있으며, 그 하는 일은 무엇인가?
			3. 민사 재판과 형사 재판은 서로 어떻게 다른가?
			4. 법원과 정부, 법원과 국회와의 관계는 어떠한가? 사법권의 독립이란 무엇이며, 어째서 필요한가?
			5. 준법정신은 어째서 필요하며, 우리는 법원의 하는 일에 어떻게 협조할 것인가 ?
		(8) 민주주의의 근본정신	2. 민주주의 근본정신은 어떠한가? 기본적 인권이란 무엇이며, 민주주의는 기본적 인권과 어떠한 관계가 있는가?
			3. 국회에서 제정된 법률은 어떻게 공포되는가?
		(9) 입헌 정치	1. 입헌 정치란 어떠한 정치를 말함인가?
			2. 우리나라 헌법은 언제 어떻게 제정되었는가?
			3. 우리나라 헌법은 국민의 권리를 어떻게 보장하고 있는가?

학년	제목	단원	세목
			4. 헌법이란 무엇이며, 헌법은 왜 중요한가?
			5. 입헌 정치를 잘하기 위하여 국민은 어떻게 하여야 할 것인가?
		(10) 권력의 분립이란 무엇이며 그것은 왜 필요한가?	3. 우리나라 헌법은 삼권분립의 원칙을 어떻게 나타내고 있는가?

초・중학교 사회생활과 교과 과정에서 다루는 법 관련 내용은, 정치 영역에서 헌법에 명시된 국가 통치구조 및 국민의 권리와 의무에 관련된 것이다. 예컨대, 6학년 '우리나라의 정치'와 중학교 2학년 '우리나라의 민주 정치' 및 '국회와 법원'에서는 삼권분립, 법원의 역할, 국민의 권리와 의무 등이 제시되고 있다.

고등학교 사회과 교과 과정에서 법과 관련된 내용은 정치 영역에서 헌법에 규정된 기본권, 통치구조, 그리고 헌법의 정치적 의미와 연관된다. 즉, 고등학교 1학년 '정치와 사회' 과목에서 국회와 법원의 조직 및 기능, 민주주의의 근본 정신인 인권, 입헌정치, 권력 분립 등으로 나타나고 있다.

3) 방법

세목은 교수요목기와 마찬가지로 설문 형태로 제시되지만, 단원의 내용을 세분화한 것이며, 일반적이고 포괄적인 표현으로 제시되어 구체적인 방법을 추론하기 어렵다. 더욱이 법교육 방법으로 특정하여 제시되지 않고, 사회과 교육의 일반적인 방법으로서 포괄적으로 진술되어 있다.

초등학교 사회생활과 교과 과정에서는 사회생활과의 목적과 목표를 달성하기 위해 사회적 및 어린이의 욕구에 따른 기초적인 문제를 다루어야 한다[12]고 지적하지만, 문제 해결의 구체적인 내용이나 방법은 명시하지 않고 있다.

중학교 사회생활과 교과 과정에서는 공민 부분 과정 전개에 대해 종래에는 지식 위주의 교수 경향이 두드러졌으나, 민주 국가 사회의 공민으로서의 올바른 인간관계 유지 발전시키기 위한 기능, 태도, 습관의 계발이 중요한 것임을 명심하여 공민 부분 교수 방법 개선을 위하여 특별히 주의하여야 한다는 점[13] 외에는 교수·학습 방법에 대한 언급을 찾아보기 어렵다.

고등학교 사회과 교과 과정에서는 일반사회 과정 운영에 대하여 시사 문제에 대해서는 항상 예민하여야 할 것이며, 단원에 따라 적당한 시사 문제의 해명을 가미해야 하고, 시사 문제를 다룸에 있어서는 정치적, 파당적 기타 개인적 편견의 선전에 기울어서는 안 됨[14]을 지적하며 구체적인 교수·학습 방법은 언급하지 않고 있다.

12) 敎育部, 『초·중·고등학교 사회과·국사과 교육과정 기준(1946~1997)』 (서울: 선명인쇄주식회사, 2000), 58.
13) 敎育部, 『초·중·고등학교 사회과·국사과 교육과정 기준』, 223.
14) 敎育部, 『초·중·고등학교 사회과·국사과 교육과정 기준』, 361.

4. 제2차 교육과정기(1963~1973)

1) 개요

제2차 교육과정에서는 교육과정이 교과 활동뿐만 아니라 학교 교육의 전 활동과 관련된 계획임을 분명히 하고자 '교과 과정'이라는 명칭 대신 '교육과정'이라 하였다. 이 시기의 교육과정은 생활 중심 교육과정으로서의 성격을 표방하였다. 교육과정 내용 면에서는 자주성, 생산성, 유용성을 강조하고, 교육과정 조직 면에서는 합리성, 교육과정 운영 면에서는 지역성을 강조함으로써 경험 중심, 생활 중심 교육과정 성격을 뚜렷이 하고 있다.[15)]

사회과의 변화로 중학교 사회과는 지리, 역사, 공민 영역을 사회과로 통합하였으며, 사회 1은 지리, 사회 2는 역사, 사회 3은 공민 영역으로 내용을 구성하였다. 이 중 법 관련 내용은 공민 영역으로 구성된 사회 3에서 찾아볼 수 있다. 고등학교 사회과는 일반사회, 국민윤리, 정치 · 경제, 국사, 세계사, 지리 I, 지리 II 등으로 나뉘며, 법 관련 내용은 주로 일반사회 및 정치 · 경제 과목에서 다루어진다.

2) 내용

제2차 교육과정 시기에는 초등학교 6학년, 중학교 3학년, 고등학교 일반사회 및 정치 · 경제 과목에서 법교육을 찾아볼 수 있다.

15) 교육부, 『2022 개정 교육과정 총론 해설 초등학교』, 128.

초·중·고등학교 사회과 교육과정에서 다루는 법 관련 내용은 다음과 같다.

〈표 Ⅶ-4〉 제2차 교육과정기 사회과의 법 관련 내용

학교급	학년/과목	단원	내용
초등학교	6	2. 민주주의와 정치	(1) 민주주의의 근본 정신과 그 발달
			(2) 민주 정치와 삼권분립
중학교	3	2. 민주 정치	(2) 우리나라 민주 정치의 발자취 ① 8·15 해방과 민주 정치 ② 우리나라 헌법의 발자취 ③ 우리나라 민주 정치의 반성
			(3) 민주 정치의 조직과 운영 ③ 우리나라 민주 정치의 실지(입법, 사법, 행정 및 기타 헌법의 규정)
고등학교	일반사회	(3) 개인과 국가	④ 인권의 존중
	정치·경제	(2) 우리나라의 헌법	① 헌법의 개념 ② 헌법의 역사 ③ 헌법의 기본 정신 ④ 헌법 구조와 민주주의 ⑤ 헌법의 운용과 국민

초·중·고등학교 사회과 교육과정에서 법과 관련된 내용은 정치 영역, 특히 민주 정치에서 헌법이 지니는 의미와 헌법에 명시된 국가 통치구조와 관련된 내용이다. 예컨대, 6학년의 '민주주의와 정치' 단원과 중학교 2학년의 '민주 정치' 단원에서는 민주 정치와 삼권분립, 우리나라 헌법의 발자취, 그리고 민주 정치의 실제로서

삼권분립 등이 다루어진다. 고등학교 정치 · 경제 과목의 '우리나라의 헌법' 단원에서는 헌법의 역사, 기본정신, 구조 및 운용 등을 다루어 민주 정치의 근본 원리를 이해하도록 한다.

한편, 고등학교 일반사회 과목 '개인과 국가' 단원에서는 인권 존중을 별도로 제시하며, 일반사회 과목이 민주주의 사회생활의 기본 원리 습득을 목표로 한다는 점[16]에서, 기존 정치 영역에서 제시된 인권과는 달리 사회생활과 연관지어 인권에 접근한다.

3) 방법

제2차 사회과 교육과정에서는 법교육 방법이 특정되어 제시되지 않고, 사회과 교육의 일반적인 방법으로서 포괄적으로 진술되어 있다.

문제해결학습을 제안하고 있다.

초등학교 지도상의 유의점에서 사회과 학습은 어린이들의 생활 현실을 토대로 하여, 어린이들의 소박하고 단순한 욕구나 문제 중에서 학습을 시작하여 문제를 탐구하고, 5, 6학년에서는 비교적 간접 경험을 주로 하는 학습 내용이 대부분을 차지하고 있으므로, 자칫하면 형식적이고 표면적인 학습으로 흐르기 쉬우니, 이 점을 특히 유의하여 항상 문제 해결적인 학습이 되도록 지도하여야 함[17]을 제안하고 있다.

일상생활과 관련시키고 실제적이고 구체적인 내용을 예시토록

16) 교육부, 『초 · 중 · 고등학교 사회과 · 국사과 교육과정 기준』, 403.
17) 교육부, 『초 · 중 · 고등학교 사회과 · 국사과 교육과정 기준』, 123.

하였다.

중학교 사회과 지도상의 유의점에서 각 학년별로 다양한 자료를 활용하여 학습을 일상생활과 연계하고, 야외 관찰, 실험, 토의 등을 통해 사회과의 종합적 학습을 도모하여야 하며, 시시각각 변동하는 국내외 정세를 고려하여 항시 현실적이고 구체적인 내용을 제시함으로써 사회과 지도가 단순히 추상적 지식의 나열이나, 단편적 지식의 암기에 그치지 않도록 해야 함[18]을 강조한다.

문제해결학습에서 실제 사례의 활용을 제안하고 있다.

고등학교 정치·경제 과목의 지도상의 유의점에서 정치, 경제면에서의 우리나라의 현실적 문제점을 발견하게 하여 이를 해결하는 기능을 기르는 데 주력하여야 하며, 이 과정 지도에 있어서 지도하는 교사는 항시 현실적인 사례와 시사적 변화에 관심을 두고 자료를 준비하여 실지 지도에 활동함으로써 지도의 효과를 올리도록 하여야 한다[19]고 하고 있다.

5. 제3차 교육과정기(1973~1981)

1) 개요

제3차 교육과정은 1968년 선포된 국민교육헌장의 이념과 1960년대부터 미국에서 새롭게 대두된 '학문 중심 교육과정'의 사조를 기반으로 만들어졌다. 이에 따라 국가적 요구와 학문적 요구의 조

18) 교육부, 『초 · 중 · 고등학교 사회과 · 국사과 교육과정 기준』, 280.
19) 교육부, 『초 · 중 · 고등학교 사회과 · 국사과 교육과정 기준』, 412.

화라는 사회과 교육의 과제가 처음으로 제기된 교육과정이 되었다. 그리고 기본 개념의 이해, 지식의 구조적 학습, 탐구 방법과 능력이 강조하는 사회과학으로서 사회과의 성격을 중시하여, 사회과의 성격을 보다 분명하게 그리고 교육 내용 전체를 사회과학적 지식을 바탕으로 체계화하려고 하였다.[20)]

사회과에서의 변화는 초등학교 사회과는 도덕과가 분리되었고, 중학교 사회과는 국사과와 도덕과가 독립 분과하게 되었다. 이에 따라 사회과는 지리, 세계사, 공민 분야로 한정되었다. 고등학교 사회과는 종래의 일반사회가 폐지되고 정치·경제와 사회·문화 과목으로 설정되었다.

고등학교 정치·경제 과목의 목표 진술에서 법교육에 관한 내용이 별도 항목으로 처음 나타났다.

> 나. 법률의 기초 이론과 생활에 유용한 법률 지식을 올바르게 이해시키고, 법질서를 존중하는 태도를 길러서 건전한 사회생활을 영위할 수 있게 한다.[21)]

2) 내용

제3차 교육과정 시기 법교육은 초등학교 6학년, 중학교 3학년, 고등학교 정치·경제 과목에서 찾아 볼 수 있다. 초·중·고등학교 사회과 교육과정에 나타난 법 관련 내용은 다음과 같다.

---

20) 교육인적자원부, 『중학교 교육과정 해설(II)』(서울: 대한교과서주식회사, 1999), 242.
21) 교육부, 『초·중·고등학교 사회과·국사과 교육과정 기준』, 426.

〈표 Ⅶ-5〉 제3차 교육과정기 사회과의 법 관련 내용

<table>
<tr><th>학교급</th><th>학년/
과목</th><th>단원</th><th>내용</th></tr>
<tr><td rowspan="2">초등
학교</td><td rowspan="2">6
(지리
· 공민
부분)</td><td rowspan="2">4. 민주주의와 우리의 생활</td><td>나. 우리나라의 민주 정치
(1) 10월 유신과 민주 헌법
(2) 국민의 권리와 의무
(3) 우리나라의 통치 기구</td></tr>
<tr><td>다. 민주적 사회 생활
(1) 법과 질서
(2) 공익 우선
(3) 협동과 상부 상조</td></tr>
<tr><td rowspan="4">중학교</td><td rowspan="4">3</td><td>1. 민주주의와 정치</td><td>라. 우리나라의 민주 정치</td></tr>
<tr><td rowspan="3">2. 국민 생활과 법률</td><td>가. 사회 생활과 법질서</td></tr>
<tr><td>나. 여러 가지 법률</td></tr>
<tr><td>다. 일상 생활과 법</td></tr>
<tr><td rowspan="3">고등
학교</td><td rowspan="3">정치 ·
경제</td><td>나. 우리나라의 민주 정치</td><td>(1) 우리나라의 정치
(2) 정치 생활과 나
(3) 민주 정치의 발전
(4) 정치 형태
(5) 정치 과정
(6) 우리나라와 국제 정치</td></tr>
<tr><td>다. 우리나라의 헌법</td><td>(1) 대한민국의 수립과 헌법의 제정
(2) 우리나라 헌법의 기본 성격
(3) 대한민국의 정체와 국민의 권리, 의무
(4) 통일 주체 국민 회의
(5) 대통령과 정부
(6) 국회
(7) 법원과 헌법 위원회
(8) 헌법상의 경제 질서</td></tr>
<tr><td>라. 국민과 법률 생활</td><td>(1) 법의 의의
(2) 개인 간의 생활과 법
(3) 범죄와 형벌</td></tr>
</table>

학교급	학년/ 과목	단원	내용
			(4) 경제와 복지에 관한 법 (5) 행정에 관한 법 (6) 국제 관계와 법

초·중·고등학교 사회과 교육과정에서 법 관련 내용은 정치 영역과 생활 영역으로 구분되어 나타난다.

정치 영역의 법 관련 내용은 민주 정치에서 헌법의 의미와 헌법에 규정된 국가 통치구조에 관한 것이다. 예컨대 6학년 '민주주의와 우리의 생활' 단원의 '우리나라의 민주정치', 중학교 3학년 '민주주의와 정치' 단원, 고등학교 정치·경제 과목의 '우리나라의 민주정치', '우리나라의 헌법' 단원 등에서 관련 내용을 다룬다.

생활 영역의 법 관련 내용은 법과 일상생활의 연관성에 초점을 맞추어 기존 정치 영역의 법교육과 차별화되는 생활법적 법교육의 성격을 드러낸다. 초등학교 6학년의 '민주주의와 우리의 생활' 단원 중 '민주적 사회 생활', 중학교 3학년의 '국민 생활과 법률' 단원, 그리고 고등학교의 '국민과 법률 생활' 단원에서 그 내용을 찾아볼 수 있다.

3) 방법

제3차 사회과 교육과정에서는 법교육 방법이 특정되어 제시되지 않고, 사회과 교육의 일반적인 방법으로 포괄적으로 기술되어 있다.

탐구학습을 지향하고 있다.

초등학교 사회과 지도상의 유의점에서는 사회과 학습이 어린이들의 소박한 사회생활을 기반으로 출발해야 함을 강조하는 한편, 4학년 이상 학습에서는 사회적 사실과 현상을 과학적으로 파악하는 학습능력의 신장[22]을 요구한다. 중학교 사회과 지도상의 유의점에서는 각 학년의 유사한 지도 내용 반복이 단순한 중복이 아닌, 학년에 따라 심화되도록 편성되었으므로 상호 밀접한 관련 하에 지도해야 함[23]을 지적하고 있다.

일상생활의 문제와 사례를 도입할 것을 제안하고 있다.

중학교 사회과 지도상의 유의점에서는 시시각각 변동하는 국내외 정세를 감안하여 현실적이고 구체적인 내용을 예시할 것[24]을, 고등학교 정치・경제 과목 지도상의 유의점에서는 우리나라의 당면 문제나 생활 주변 문제와 관련지어 지도하고 학습 활동에서 현실적인 사례와 시사적 변화에 관심을 두어야 함[25]을 강조한다.

활동 중심 학습을 권장하고 있다.

사회과의 지도상 유의점에서는 야외 관찰, 보고, 토의 등을 중시하여 사회과에서 기대하는 성과를 거양하는 데 노력해야 할 것[26]을 제안한다.

22) 敎育部, 『초・중・고등학교 사회과・국사과 교육과정 기준』, 150-151.
23) 敎育部, 『초・중・고등학교 사회과・국사과 교육과정 기준』, 295.
24) 敎育部, 『초・중・고등학교 사회과・국사과 교육과정 기준』, 295.
25) 敎育部, 『초・중・고등학교 사회과・국사과 교육과정 기준』, 428.
26) 敎育部, 『초・중・고등학교 사회과・국사과 교육과정 기준』, 295.

6. 제4차 교육과정기(1981~1987)

1) 개요

제4차 교육과정기 사회과는 개인적 적합성과 관련된 인간 중심 교육과정의 성격을 강조하면서도, 어느 한 측면으로 치우치지 않고 개인적, 사회적, 학문적 적합성이 조화를 이루는 교육과정을 지향하였다.[27] 이에 따라 사회과 교육과정 개정 방향은 사회과 교육에 대한 새로운 요청에 부응하여 국민 정신 교육의 강화, 사회과에서 길러야 할 인간상의 확립, 전인 교육에 기여할 수 있는 사회과 교육 내용의 선정, 초・중・고등학교의 특성 및 계열성 확립, 내용량과 기준의 적절성 고려, 체계적인 국사 교육을 위한 계속적인 보완 등을 포함하였다. 또한 목표 설정에서도 가치・태도를 강화하고, 국가 및 사회적 요구 사항을 중점적으로 강조하였다.[28]

사회과의 변화로서, 중학교 사회과는 학년별 내용을 1학년은 공민, 지리, 2학년은 세계지리, 세계사, 3학년은 세계사, 공민 영역으로 구성하였다. 고등학교는 과목명과 내용 구조를 종래의 정치・경제, 사회・문화에서 사회Ⅰ의 정치, 경제, 사회, 문화 내용과 사회Ⅱ의 심화 과정으로 재구성하였다. 과목(Ⅰ, Ⅱ) 중 Ⅰ은 공통 필수 과목이고, Ⅱ는 과정별 선택 과목이다.

초・중・고등학교 사회과의 '학년 및 과목 목표' 진술에서 법 관련 내용이 나타나기 시작하였다.

27) 교육인적자원부, 『중학교 교육과정 해설(Ⅱ)』, 243.
28) 교육인적자원부, 『중학교 교육과정 해설(Ⅱ)』, 243.

초등학교 사회 6학년 목표 가) 민주주의의 근본 이념과 우리나라 정치의 특색을 알게 하고, 국민의 권리와 의무를 우리의 현실과 관련지어 이해하게 한다.

중학교 사회 1학년 목표 가) 개인과 국가 생활 간의 관계, 경제 생활의 기본 원리, 생활 속에서의 법 질서를 중심으로 민주적 사회 생활의 의미를 이해하게 한다.

고등학교 사회 Ⅰ 목표 1) 우리나라의 현실에 대한 올바른 이해를 바탕으로 민주 정치의 이념과 발달 과정 및 헌법을 비롯한 법의 기초 내용을 이해하게 하여, 건전한 정치 생활을 할 수 있는 자질을 갖추게 한다.

고등학교 사회 Ⅱ 목표 1) 정치 현상의 일반화 원리, 우리나라의 정치 발전 과정, 헌법의 의의와 주요 내용 및 우리나라의 국제 환경을 체계적으로 이해하게 하여, 민주 국민으로서의 자각을 가지고 민주주의의 발전에 이바지하게 한다.

2) 내용

제4차 교육과정 시기 법 교육은 초등학교 4, 6학년, 중학교 1, 3학년, 고등학교 사회 Ⅰ, 사회 Ⅱ 과목에서 찾아볼 수 있다. 초·중·고등학교 사회 교과 교육과정에 나타난 법 관련 내용은 다음과 같다.

〈표 Ⅶ-6〉 제4차 교육과정기 사회과의 법 관련 내용

학교급	학년/과목	단원	내용
초등학교	4	라) 사회 생활과 우리의 할 일	(3) 사회 규범과 준법 정신 (가) 사회 규범이 필요한 까닭 (나) 사회 규범의 종류 (다) 사회 규범에 대한 우리들의 태도
	6	가) 우리나라의 민주 정치	(2) 우리나라의 헌법과 국민의 기본권 (가) 우리 나라 헌법의 특징 (나) 국민의 권리 (다) 국민의 의무 (라) 권리의 행사와 의무의 이행
중학교	1	마) 법과 국민 생활	(1) 사회 생활과 규범 (2) 국가와 법 (3) 민주주의와 법 (4) 준법 정신과 사회 발전
	3	마) 우리나라의 민주 정치	(1) 우리나라 민주 정치의 근본 이념 (2) 국민의 권리와 의무 (3) 정부의 구조와 기능 (4) 복지 사회 건설의 의지
고등학교	사회 I	4) 국민 생활과 법	가) 법의 의의와 준법 생활 나) 우리나라의 헌법 다) 사적 생활과 법 라) 공적 생활과 법 마) 사회, 경제 생활과 법
	사회 II	4) 우리나라의 헌법	가) 헌법의 의의와 종류 나) 대한민국 헌법의 유래와 근본이념 다) 국민의 권리와 의무 라) 통치 기구 마) 그 밖의 헌법상의 제도와 질서

초·중·고등학교 사회과 교육과정에서 법과 관련된 내용은 제3차 교육과정기와 마찬가지로 정치 영역과 생활 영역으로 구분되어 제시되고 있다.

정치 영역의 법 관련 내용은 민주 정치의 헌법 이념, 국민의 권리와 의무, 헌법에 명시된 국가 통치구조와 관련된 것이다. 이는 6학년 '우리나라의 민주 정치', 중학교 3학년 '우리나라의 민주 정치', 고등학교 사회 II '우리나라의 헌법' 단원에서 다루고 있다.

생활 영역의 법 관련 내용은 법과 일상생활의 연관성에 초점을 맞춘 생활법적 법교육의 성격을 지닌다. 이는 초등학교 4학년 '사회 생활과 우리의 할 일', 중학교 1학년 '법과 국민 생활', 고등학교 '국민 생활과 법' 단원에서 찾아볼 수 있다.

3) 방법

제4차 사회과 교육과정에서는 법교육 방법이 특정되어 제시되지 않고, 사회과 교육의 일반적인 방법으로 포괄적으로 기술되어 있다.

당면한 사회문제나 일상생활의 경험을 도입할 것을 제안하고 있다.

중학교 사회 지도상의 유의점에서는 우리가 당면하고 있는 공해, 인구, 남녀 평등, 환경, 자원, 교통의 문제에 깊은 관심을 가지고 지도해야 하며,[29] 고등학교 사회 I 지도상의 유의점에서는 정

29) 교육인적자원부, 『중학교 교육과정 해설(II)』, 311.

치, 경제, 사회, 문화 현상을 일상 생활과 관련지어 통합적인 관점에서 지도하고, 학습의 과정에서는 일상 생활에서의 경험, 통계 자료, 서적, 신문, 잡지 등과 같은 다양한 자료를 수집, 분석, 종합, 평가할 수 있는 능력을 기르도록 하고 있다.[30)]

체험 및 활동 중심의 학습을 권장하고 있다.

초등학교 지도상의 유의점에서 아동의 생활 주변에서 직접 경험할 수 있는 지역 사회 자료를 활용하여 학습을 효율화하고, 지도 내용에 따라 견학, 조사, 관찰, 자원 인사 초빙, 토의 등 다양한 학습 활동을 통하여 폭넓은 학습 경험을 쌓도록 제안하고 있다[31)]. 중학교 지도상의 유의점에서도 토론, 발표, 보고, 야외 관찰, 조사, 사례 연구, 면접, 인물 학습 등을 활용하여 사회과 학습 목표를 달성하도록 하고 있다.[32)] 처음으로 사례 연구가 제안되고 있다.

7. 제5차 교육과정기(1987~1992)

1) 개요

제5차 교육과정은 종전과 달리 교육과정 및 교과용 도서 중 개선이 필요한 부분만을 개정한다는 것을 기본 원칙으로 삼았으며 개인적, 학문적, 사회적 적합성을 고루 갖춘 종합적 접근 방식을 택하였다. 개정 방침을 교육과정의 적정화, 내실화, 지역화에 두고, 개

30) 교육인적자원부, 『중학교 교육과정 해설(II)』, 448-449.
31) 교육부, 『초 · 중 · 고등학교 사회과 · 국사과 교육과정 기준』, 175.
32) 교육부, 『초 · 중 · 고등학교 사회과 · 국사과 교육과정 기준』, 311.

정의 전략으로 지속성, 점진성, 효율성을 제시하였다.[33] 이에 따라 사회과는 교육과정 총론에서 지향하는 인간상을 구현하고, 사회과 교육과정의 효용성을 제고하는 방향으로 개정되었다.[34]

사회과 내 변화로는 초등학교 3~6학년에 사회과를 가르치고, 1, 2학년은 도덕과와 통합된 바른 생활과를 편성한 점을 들 수 있다. 중학교는 사회과와 국사과, 2개의 사회 계열 교과로 구성되어 있으며, 법교육은 사회과에서 다루어진다. 고등학교는 보통교과와 전문교과를 두었고, 법교육은 보통교과인 사회 교과의 정치·경제, 사회·문화 과목에서 다루어졌다.

초·중·고등학교 사회과에서는 '학년별, 과목별 목표' 진술에서 법 관련 내용을 찾아볼 수 있다.

> 초등학교 4학년 목표 다) 사회생활에서 여러 성원의 역할과 상호 의존 관계를 알게 하고, 지켜야 할 규범이 있음을 깨닫게 한다. 마) 사회 규범을 지키고, 문화재를 보호하며, 자기가 사는 시·도에 대한 애정을 가지고 지역 사회의 발전을 위하여 노력하는 자세를 지니게 한다.
>
> 초등학교 6학년 목표 가) 민주주의의 근본이념, 우리나라 민주 정치의 특색, 국민의 권리와 의무를 우리의 현실과 관련지어 이해하게 한다.

> 중학교 2학년 목표 나) 정치 현상과 민주 정치의 특성 및 민주주의 사회에 있어서의 법의 중요성을 이해하게 한다.

---

33) 교육부, 『2022 개정 교육과정 총론 해설 초등학교』, 132.
34) 곽병선 외, 『초등학교 교육과정 해설』 (문교부령 고시 제87-9호) (서울: 교육과학사, 1987), 163-167.

고등학교 사회·문화 목표 2) 사회 생활과 법, 사회 변동의 원리 및 현대 사회의 여러 문제를 이해하게 하여, 민주 복지 사회 건설에 이바지하게 한다.

2) 내용

제5차 교육과정 시기 법교육은 초등학교 3, 5, 6학년, 중학교 2, 3학년, 그리고 고등학교의 정치·경제, 사회·문화 과목에서 찾아볼 수 있다. 초·중·고등학교 사회 교과 교육과정에 나타나는 법 관련 내용은 다음과 같다.

〈표 Ⅶ-7〉 제5차 교육과정기 사회과의 법 관련 내용

학교급	학년/과목	단원	내용
초등학교	3	다) 우리 고장의 공동 생활	(2) 공동 생활을 위한 우리의 노력 (가) 고장의 생활과 질서 (나) 고장 생활에서 지켜야 할 규범
	5	가) 국가와 국민 생활	(1) 국가가 국민을 위하여 하는 일 (가) 안전 보장과 질서의 유지 (나) 국민의 기본권 보장 (다) 국민의 복리 증진 (2) 올바른 국민 생활 (가) 공적 생활과 사적 생활 (나) 법을 지키는 생활 (다) 건전한 국민 생활
	6	가) 우리나라의 민주 정치	(2) 우리나라 민주 정치의 특색 (가) 우리나라 헌법의 특징 (나) 국민의 권리와 의무 (다) 우리나라의 통치 기구

학교급	학년/과목	단원	내용
중학교	2	마) 법과 국민 생활	(1) 사회 생활과 규범 (2) 법 규범의 특성 (3) 민주 사회와 법의 운용 (4) 준법정신과 사회 발전
	3	가) 우리나라의 민주 정치	(1) 대한 민국의 건국과 이념 (2) 국민의 권리와 의무 (3) 정부의 구조와 기능 (4) 우리나라의 정치 과정 (5) 우리나라의 국제 관계
고등학교	정치 경제	4) 우리나라의 민주 정치	(1) 민주 정치의 발전 (2) 헌법의 기본 이념 (3) 국민의 기본적 권리와 의무 (4) 정부와 구조와 기능 (5) 정치 과정과 지방 자치 (6) 국제 관계
	사회·문화	4) 사회와 법 규범	(1) 사회 생활과 규범 (2) 법의 이념과 사상 (3) 법의 종류와 특성 (4) 법의 준수와 사회 발전

초·중·고등학교 사회과 교육과정에서 법과 관련된 내용은 제4차 교육과정기와 마찬가지로 정치 및 생활 영역으로 구분되어 제시되고 있다.

정치 영역에서 법은 민주 정치의 근간인 헌법 이념, 국민의 권리와 의무, 그리고 헌법에 명시된 국가 통치구조와 관련된 내용이다. 예컨대, 초등학교 5학년 '국가와 국민생활' 단원의 '(1)국가가 국민을 위하여 하는 일', 초등학교 6학년, 중학교 3학년의 '우리나라의 민주정치' 단원, 그리고 고등학교 정치경제의 '우리나라의 민주정치' 단원 등에서 이러한 내용을 찾아볼 수 있다.

생활 영역에서 법은 법과 일상생활의 연관성에 초점을 맞춘 생활법적 법교육의 성격을 지닌다. 예를 들어 초등학교 3학년 '우리 고장의 공동생활', 5학년 '국가와 국민생활' 단원의 '(2)올바른 국민생활', 중학교 1학년 '법과 국민 생활', 고등학교 '국민 생활과 법', 그리고 고등학교 사회・문화 과목의 '4)사회와 법규범' 단원 등에서 그 내용을 확인할 수 있다.

3) 방법

제5차 사회과 교육과정에서 법교육 방법은 특정하여 제시되지 않고, 사회과 교육의 일반적인 방법으로 포괄적으로 진술되어 있다.

학습에 당면한 사회문제, 일상생활 경험 및 사례를 도입하도록 제안하고 있다.

초등학교 사회과 지도상의 유의점에서 학생 생활 주변에서 직접 경험 가능한 지역 사회 자료를 활용하게 하고, 중학교 지도상의 유의점에서는 주위의 다양한 생활 사례 및 경험을 관련지어 지도하며, 당면한 여러 사회문제에 관심을 갖도록 하고 있다. 또한 고등학교 사회・문화 과목 지도상의 유의점에서는 사회문제에 대한 정확한 이해를 강조한다.

체험 및 활동 중심의 학습을 제안하고 있다.

초등학교 사회과 지도상의 유의점에서는 견학, 조사, 관찰, 자원 인사 초빙, 토의 등 다양한 학습 활동과 집단적 사고 및 활동을 통해 학습이 이루어지도록 하며, 중학교 사회과 지도상의 유의점에서는 토론, 발표, 보고, 야외 관찰, 조사, 사례 연구, 면접, 인물 학습, 사료 학습 등 다채로운 교수·학습 방법을 활용하도록 하고 있다.

8. 제6차 교육과정기(1992~1997)

1) 개요

제6차 교육과정은 개정에 있어 교육과정 결정의 분권화(교육 내용의 획일성, 경직성, 폐쇄성 해소, 자율 재량 확대), 교육과정 구조의 다양화(다양한 이수 과정, 선택 확대, 시대적 요구 반영), 교육과정 내용의 적정화(학습 부담 경감, 학습량·수준 조정, 이수 내용의 성차별 철폐), 교육과정 운영 효율화(학생의 적성·능력·진로 중시, 교육 방법 및 평가의 개선) 등 네 가지를 중점 사항으로 삼았다.[35]

사회과에서의 변화는 초등학교 사회과는 3~6학년까지 가르치고, 1, 2학년은 사회과와 자연과를 통합한 슬기로운 생활을 편성하였다. 중학교는 국사 교과를 사회과로 통합하여 편성하였다. 고등학교는 공통 필수 과목과 과정별 필수 과목, 과정별 선택 과목으로

35) 교육부, 『2022 개정 교육과정 총론 해설 초등학교』, 133.

나누고 있으며, 법 관련 내용은 사회 교과의 공통 필수 과목인 공통 사회와 과정별 필수 과목인 정치에서 다루어진다.

2) 내용

제6차 교육과정 시기 법교육은 초등학교 5, 6학년, 중학교 3학년, 고등학교 공통 사회, 정치 과목에서 찾아볼 수 있다. 초등학교 사회과는 인간과 환경, 사회·문화, 공동 생활 영역으로 나뉘며, 법 관련 내용은 공동 생활 영역에 포함된다. 중학교 사회과는 지리, 세계사, 정치, 경제, 사회·문화, 국사 영역으로 구분되며, 법 관련 내용은 정치 영역에서 다루어진다. 초·중·고등학교 사회과 교육과정에 나타나는 법 관련 내용은 다음과 같다.

〈표 Ⅶ-8〉 제6차 교육과정기 사회과의 법 관련 내용

학교급	학년/과목	단원	내용
초등학교	5	(4) 자율적인 시민 생활	(나) 여러 사람이 만드는 법 • 일상생활과 법 • 여러 가지 법과 자유를 구속하는 규칙들 • 법을 만드는 시민들 (다) 시민들의 주장과 책임 • 보호받아야 할 권리 • 시민으로서의 의무 • 권리, 의무의 실행과 명랑한 사회
	6	(3) 민주 국가로의 발전	(나) 우리나라의 민주 정치 • 일상생활과 정치 • 국민이 주인인 정치

학교급	학년/과목	단원	내용
			• 나라의 일을 맡은 기관들 • 국력 신장과 민주주의의 발전
중학교	3	(4) 현대사회 생활과 법 질서	(가) 개인 생활과 법: 인간과 사회 규범, 일상 생활과 법, 법의 적용과 집행 (나) 민주주의의 확립과 법: 인권 사상의 발달, 기본권 보장과 법, 권리의 침해와 구제 (다) 현대 복지 국가와 법: 노사 관계와 법, 경제 질서와 법, 우리의 법 관계 현상과 문제
고등학교	공통사회	(5) 법 생활의 문제와 해결	(가) 법 생활의 이해: 인간 생활과 법, 법 의식과 법 제도 (나) 법과 시민생활: 권리의 행사와 의무의 이행, 민주주의와 법, 복지 증진과 법 (다) 현대 사회의 법 문제: 법 질서유지와 인권의 신장, 사회 변동과 법의 대응
		(6) 정치 생활의 문제와 해결	(나) 한국 민주 정치의 발전: 헌법과 권력 구조의 변화, 시민의 참여와 정치 과정, 조국 통일과 민족의 번영
	정치	(2) 시민 생활과 법	(가) 시민 생활과 법 이념: 법의 이념과 존재 형식, 사회 정의와 법, 법의 제정, 해석, 적용, 집행 (나) 법의 기본 체계와 내용: 사법 체계, 공법 체계, 사회법 체계 (다) 사회생활과 법 질서: 권리의 침해와 구제, 분쟁의 발생과 법적 해결, 법의 생활화와 준법
		(4) 한국의 민주 정치	(가) 헌법의 기본 이념과 민주정치: 입헌주의와 민주정치, 헌법과 국가 권력 구조, 국민의 기본권과 국가 권력

학교급	학년/과목	단원	내용
			(나) 입법부: 입법부의 국민 대표성, 국회의 조직과 권한, 국회와 정부 정책 (다) 대통령과 행정부: 대통령의 지위와 권한, 대통령의 정치적 역할, 행정부의 구성과 기능, 공무원의 지위와 역할 (라) 사법부와 헌법 재판소: 사법부의 역할, 법원의 조직과 기능, 헌법 재판소의 구성과 기능
		(5) 국제 관계와 한국 민주 정치의 과제	(가) 국제 사회의 성격: 국가 주권의 평등과 국제 관계의 현실, 국제 관계에 대한 법규범, 국제 사회의 여러 문제들 (라) 한국 민주 정치의 과제: 민주 정치의 발전, 지방자치의 발전, 정치 권력의 도덕성과 민주적 시민 참여, 법 질서 유지와 사회 정의의 실현, 민주 정치 제도의 정착과 시민 문화의 형성, 통일 민주 국가의 발전을 위한 노력

초·중·고등학교 사회과 교육과정에서 법과 관련된 내용은 제5차 교육과정기와 마찬가지로 정치 및 생활 영역으로 구분되어 제시되고 있다. 그리고 국제법 내용이 별도의 단원으로 처음 나타나고 있다.

정치 영역에서의 법 관련 내용은 민주 정치에서 헌법의 이념, 국민의 권리와 의무, 헌법에 규정된 국가 통치구조와 관련 있는 내용, 그리고 국제 정치에서 국제법의 의미에 관한 내용이다. 예컨대 6학년 '(3) 민주 국가로의 발전' 단원의 '(나) 우리나라의 민주 정치', 고등학교 공통 사회 과목의 '(6) 정치 생활의 문제와 해결', 정치 과목의 '(4) 한국의 민주 정치' 및 '(5) 국제 관계와 한국 민주 정치의 과제' 등에서 다룬다.

생활 영역의 법 관련 내용은 법과 일상생활의 연관성에 초점을 맞춘 생활법적 법교육 성격을 지닌다. 초등학교 5학년 '(4) 자율적인 시민 생활', 중학교 3학년 '(4) 현대 사회 생활과 법 질서', 고등학교 공통 사회 과목의 '(5) 법 생활의 문제와 해결', 정치 과목의 '(3) 시민 생활과 법' 등에서 나타난다.

3) 방법

제6차 사회과 교육과정에서도 법교육의 방법으로 특정하여 제시되는 것이 아니라, 사회과 교육의 일반적인 방법으로서 포괄적인 진술로 되어 있다.

학습에 일상생활 경험과 사례 중심의 학습을 제안하고 있다. 초등학교 사회과 방법에서 생활 사례나 갈등 장면 등 실생활 사태를 학습에 활용도록 하면서 사례 학습을 제안하고 있고, 중학교 사회과 방법에서도 정치적, 경제적, 사회적, 문화적 현상을 구체적인 생활 정보와 사례에 근거하여 파악하는 능력을 기르도록 지도해야 함을 제시하고 있으며, 고등학교 공통 사회 과목 방법에서 구체적 사례 중심으로 학습을 전개하도록 하고 있고, 사회·문화 과목의 지도상의 유의점에서는 사회문제에 대한 정확한 이해를 할 수 있도록 해야 함을 지적하고 있다.

체험 및 활동 중심의 학습을 제안하고 있다.

초등학교 방법에서 견학, 조사, 자원 인사 초빙, 극화 놀이, 문답, 토의 등 다양한 학습 방법을 적용하도록 하고 있으며, 중학교 사회과와 고등학교 정치 및 공통 사회 과목의 방법에서 토론, 발표, 보고, 야외 관찰, 조사, 사례 연구, 견학, 면접, 극화 활동, 사료 학습 등 다양한 교수·학습 방법을 활용하도록 명시하고 있다. 고등학교 정치 과목의 방법에서는 의사 결정 능력과 참여 의식을 고취하기 위해 지역 연구, 지역 활동, 지역 자원 활용 등의 활동과 더불어 모의 국회, 지방 의회 견학 활동 등 활동 중심 학습을 장려하고 있다.

9. 제7차 교육과정기(1997~2007)

1) 개요

제7차 사회과 교육과정은 세계화·정보화·개방화 시대의 사회 변화를 주도할 시민적 자질의 육성에 역점을 두었으며, 총론에서 수요자 중심 교육을 위하여 학습자 중심의 수준별 교육을 추구하였다. 한편 사회와 세계에 대한 학습자의 경험과 해석을 중시하고, 학습자 스스로 학습 과정을 구성해 가는 자기 주도적 학습 능력의 신장을 강조하였다.[36)]

사회과에서의 변화는 국민 공통 기본 교육과정과 선택 중심 교육과정이라는 이원 체제를 편성하여, 3~10학년까지 국민 공통 기

36) 교육인적자원부, 『중학교 교육과정 해설(II)』, 246-247.

본 교육과정으로 '사회'를 개설하고, 11~12학년에서는 선택 중심 교육과정으로 9개의 심화 선택 과목을 편성하였다.

고등학교 심화 선택 과목인 '법과 사회'의 개설로, 사회과에서 법교육을 독립적으로 담당하는 최초의 과목이 탄생하였다.

> '법과 사회' 과목은 법치 사회를 실현하고, 당면한 법적 문제 사태 해결을 위한 법적 사고력과 문제 해결력을 육성하기 위해 신설된 사회과의 심화 선택 과목이다. 이 과목은 국민 공통 기본 교육 과정 '사회' 과목의 '우리나라의 민주 정치'(6학년), '사회 생활과 법 규범'(8학년), 단원에서 학습한 내용을 심화시키는 과목의 성격을 가진다.

국민 공통 기본 교육과정 사회과의 내용 영역을 '인간과 공간', '인간과 시간', '인간과 사회'로 나누었으며, 법 관련 내용은 '인간과 사회'에서 나타나고 있다. 또한, 사회과의 성격 진술에서 법 관련 내용인 인권이 나타나고 있다.

> 사회과에서 가르치고자 하는 민주 시민은, 사회 생활을 영위하는 데 필요한 지식을 가지고 **인권 존중**, 관용과 타협의 정신, 사회 정의의 실현, 공동체 의식, 참여와 책임 의식 등의 민주적 가치와 태도를 함양하고, 나아가 개인적, 사회적 문제를 합리적으로 해결하는 능력을 기름으로써 개인의 발전은 물론, 국가, 사회, 인류의 발전에 기여할 수 있는 자질을 갖춘 사람이다.[37]

37) 교육부, 『사회과 교육 과정』 (교육부 고시 제1997-15호[별책 7]) (서울: 대한교과서주식회사, 1997), 28.

2) 내용

제7차 교육과정 시기 법교육은 초등학교 6학년, 중학교 8학년, 고등학교 10학년, 법과 사회, 정치 과목에서 살펴 볼 수 있다. 초·중·고등학교 사회과 교육과정에 나타난 법 관련 내용은 다음과 같다.

〈표 Ⅶ-9〉 제7차 교육과정기 사회과의 법 관련 내용

학교급	학년/과목	단원	내용
초등학교	6	(3) 우리나라의 민주 정치	(나) 민주 시민의 권리와 준법 정신
중학교	8	(7) 사회생활과 법 규범	(가) 법의 지배와 정의 (나) 사회생활과 법 질서 (다) 공동체와 시민의 권리
고등학교	10	(7) 정치 생활과 국가	(나) 사회적 쟁점의 정치적 해결 과정[38)] ④ 쟁점 해결에 있어서의 국가의 기능(법적 제도적 조정과 통제)과 시민 참여의 역할을 이해한다. (다) 민주 정치 발전과 시민 문화 ② 사회적 갈등을 해결하기 위한 법과 정치의 순기능과 역기능을 종합적으로 이해한다.
	정치	(3) 우리나라의 민주 정치	(가) 헌법의 이념과 원리 (나) 국민의 권리와 의무 (다) 통치 기구
		(4) 국제 사회와 정치	(나) 국제 관계와 국제 기구 ① 국제법의 특징과 종류를 이해하고, 국내법과 국제법을 비교하여 설명할 수 있으며, 국제 정치 체계의 의미를 이해하고 예를 들어 설명할 수 있다.

학교급	학년/과목	단원	내용
	법과 사회	(1) 법의 이념과 권리, 의무	(가) 법의 의의와 구조 (나) 법의 일반 원칙과 법 적용 (다) 권리와 의무
		(2) 개인 생활과 법	(가) 권리 능력과 미성년자의 권리 (나) 가족 관계와 법 (다) 민법의 기본 원리와 법 문제
		(3) 사회생활과 법	(가) 학교 생활과 법 (나) 여성과 법 (다) 소비자의 권리 보호 (라) 근로자의 권리와 법 (마) 환경과 법
		(4) 국가생활과 법	(가) 기본권 보장 (나) 행정법과 행정 구제 제도 (다) 범죄와 형벌 (라) 재판의 종류와 원칙 (마) 국제법과 국제 분쟁
		(5) 법 생활의 발전과 과제	(가) 법 문화와 법 의식 (나) 법률 구조 제도와 미래 사회의 법

초·중·고등학교 사회과 교육과정의 법 관련 내용은 사회과와 정치 과목, 법교육을 직접적으로 담당하고 있는 '법과 사회' 과목으로 나누어 살펴볼 수 있다.

먼저, 사회과와 정치 과목의 법 관련 내용은 정치 영역과 생활 영역으로 구분되며, 구체적인 내용은 다음과 같다.

정치 영역에서의 법 관련 내용은 민주 정치에서 헌법의 이념,

38) 제목만으로는 법 관련 내용인지 알 수 없을 때 하위 내용을 제시하였다. 이하에서도 마찬가지이다.

국민의 권리와 의무, 헌법에 규정된 국가 통치구조와 관련 있는 내용, 그리고 국제 정치에서 국제법의 이해에 관한 내용이다. 즉, 6학년의 '(3) 우리나라의 민주 정치' 단원에서, 고등학교 10학년 사회 '(7) 정치 생활과 국가' 단원과, 정치 과목 '(3) 우리나라의 민주 정치', '(4) 국제 사회와 정치' 단원에서 나타난다.

생활 영역에서의 법 관련 내용은 법과 일상생활의 관련성에 초점을 두고 접근하고 있는 것으로 생활법적 법교육의 성격을 띤다. 중학교 8학년 사회 '(7) 사회 생활과 법 규범' 단원에서 나타난다.

'법과 사회' 과목의 내용은 다음과 같다.

생활법 중심의 내용을 지향하고 있다. 개인 생활, 사회 생활, 국가 생활, 법 생활 등과 같은 단원의 명칭에서 나타난 바와 같이 법과 생활의 관련성을 분명히 보여준다.

법 지식 중심의 내용으로 구성되어 있다. '법의 이념', '법의 일반 원칙', '권리 능력과 미성년자의 권리', '민법의 기본 원리', '행정법과 행정 구제 제도', '범죄와 형벌' 등은 법학의 입문 단계에서 다루어지는 내용이라 할 수 있다.

3) 방법

제7차 사회과 교육과정에서 법교육의 방법은 초·중학교 사회과, 고등학교 10학년 사회과, 정치 과목 등에서 일반적인 방법으로서 포괄적인 진술로 되어 있다.

생활 사례 및 문제 중심의 학습을 제안하고 있다. 초·중학교 사회과 교수·학습 방법에서 학습자의 수업 과정은 구체적 사실과 문제로부터 개념과 일반화를 획득하는 과정으로 이루어질 수 있도록 하고, 정치적, 경제적, 사회적, 문화적 현상을 구체적인 생활 정보와 사례에 근거하여 파악하는 능력을 기르도록 하며, 각종 사회문제를 교재화하도록 하고 있다. 고등학교 공통 사회 과목 방법에서는 구체적 사례 중심으로 학습을 전개하도록 하고 있다. 또한 고등학교 정치 과목 교수·학습 방법에서 가능한 한 문제 지향 수업으로 운영하도록 하고 있고 사례 학습 방법의 적용을 권장하고 있다.

체험 및 활동 중심의 학습을 제안하고 있다. 초·중학교 사회과 교수·학습 방법에서 질문, 조사, 토의, 관찰 및 면담, 현장 견학, 자원 인사 초빙, 모형 제작, 실험, 역할 놀이와 시뮬레이션 게임, 인물 학습, 사료 학습 등을 활용하도록 하고 있고, 고등학교 정치 과목의 교수·학습 방법에서는 의사 결정 능력이나 참여 의식을 고취시킬 수 있도록 지역 연구, 지역 활동, 지역 자원 활용, 모의 국회, 지방 의회의 견학 활동 등과 같은 활동 중심의 학습이 되어야 함을 지적하고 있다.

학습자 중심의 학습을 권장하고 있다. 고등학교 정치 과목의 교수·학습 방법에서 실천 학습, 탐구학습, 문제해결학습, 의사 소통 학습, 학습자 지향 학습 등의 수업을 권장한다.

법과 사회 과목에서는 법교육에 특정된 방법들이 법과 사회 과목의 교수·학습 방법에 구체적으로 진술되어 있다. 그 특징과 내용은 다음과 같다.

법적 문제 및 사례 중심의 학습을 강조하고 있다. 구체적인 사례, 법적 쟁점과 갈등 사태의 해결 방안을 모색하는 과정에서 소비자 문제, 환경 문제, 컴퓨터 범죄 문제, 사생활 권리의 침해 문제 등 학습자들의 흥미를 유발할 수 있는 구체적 사례를 적극 활용해야 함을 제안하고 있다.

판례 연구 및 모의재판과 같은 법교육의 대표적인 방법을 강조하고 있다. 법적 문제 해결에 필요한 법적 사고력 형성을 위하여 판례 연구, 신문 자료 활용, 모의재판 등 다양한 학습 자료와 견학 경험 등을 활용할 것을 제안하고 있다.

학습자 중심의 수업을 강조하고 있다. 법적 쟁점 및 갈등 사태를 비교 문화적으로 파악할 수 있도록 하기 위하여 학습자 중심의 열린 수업을 적극 강조하며, 법과 관련된 영화나 재판 기록, 법적 문서나 시사 자료 등을 활용할 것을 제안하고 있다.

체험 중심의 학습을 강조하고 있다. 정의 실현과 기본권 보장을 위해 학습자가 적극적이고 능동적으로 법적 문제 사태에 참여할 수 있도록 하며, 변호사, 경찰관의 초빙 강연이나 경찰서, 법원, 검찰청, 교도소 등에서 현장 학습을 하여 법 적용 현장을 직접 체험해 볼 수 있는 기회를 제공하도록 제안하고 있다.

10. 2007 개정 교육과정기(2007~2009)

1) 개요

2007 개정 교육과정은 제7차 교육과정의 기본 철학과 체제를 유지하면서 사회의 다원화 및 급격한 변화에 대응하여 교육 내용

을 지속적으로 개선하기 위해 그 동안의 운영 과정에 제기된 문제점을 개선하는 데 중점을 두는 수시 개정을 하였다.[39] 특히 수준별 교육과정의 경우 학교별로 각 수준에 대한 학력 기준이 다르기 때문에 이와 관련된 문제점을 개선해야 할 필요성이 제기되어 2007 개정 교육과정은 수준별 수업의 내실화를 위한 방안을 강구하는 데 초점을 맞추었다.[40]

사회과에서의 변화는 교육과정을 국민 공통 기본 교육과정과 고등학교 선택 중심 교육과정으로 나누고, 3학년에서 10학년까지 국민 공통 기본 교육과정에 사회과를 두고 11, 12학년의 2년 동안에는 고등학교 선택 중심 교육과정의 보통 교과 사회의 선택 과목으로 법과 사회, 정치 등과 같은 10개 과목을 편성하였다.

법과 사회 과목은 제7차 교육과정에 이어서 법교육의 독립 과목으로 편성되었으며 과목의 성격을 다음과 같이 진술하고 있다.

> ‘법과 사회’ 과목은 학생들이 법의 이념과 원리 및 그 체계에 대한 기본적인 이해를 통해 현대 법치 국가의 민주 시민에게 필수적으로 요구되는 법적 사고력, 가치 판단 능력 및 문제 해결 능력을 함양하고, 올바른 법의식과 준법정신을 가지도록 하기 위해 개설된 사회과의 선택 과목이다. 이 과목은 국민 공통 기본 교육과정의 ‘사회’ 과목 중 법 관련 단원의 내용을 심화하는 성격을 가진다.[41]

39) 敎育부, 『2015 개정 교육과정 총론 해설 초등학교』(서울: (사)한국장애인문화인쇄협회, 2016), 22.
40) 교육부, 『2015 개정 교육과정 총론 해설 초등학교』, 22.
41) 교육인적자원부, 『사회과 교육과정』(교육인적자원부 고시 제2007-79호) (서울: 대한교과서주식회사, 2007), 99.

국민 공통 기본 교육과정 사회과의 내용 영역을 ‘역사’, ‘지리’, ‘일반사회’로 나누었으며, 법 관련 내용은 ‘일반사회’에서 나타난다. 또한, 사회과의 성격 진술에서 법 관련 내용인 인권이 나타난다.

> 사회과에서 육성하고자 하는 민주 시민은 사회생활을 영위하는 데 필요한 지식을 바탕으로 **인권존중**, 관용과 타협의 정신, 사회 정의의 실현, 공동체 의식, 참여와 책임 의식 등의 민주적 가치와 태도를 함양하고, 나아가 개인적, 사회적 문제를 합리적으로 해결하는 능력을 길러 개인의 발전은 물론, 사회, 국가, 인류의 발전에 기여할 수 있는 자질을 갖춘 사람이다.[42)]

또한, 범교과적 학습 주제에 법교육과 관련되는 주제로 민주 시민 교육, 인권교육, 지적 재산권 교육 등을 제시하여 교과, 재량 활동, 특별 활동 등 학교 교육 활동 전반에 통합하여 다루어지도록 하였다.

2) 내용

2007 개정 교육과정 시기 법교육은 초등학교 6학년, 중학교 7학년, 고등학교 10학년, 법과 사회, 정치 과목에서 찾아볼 수 있다. 초・중・고등학교 사회과 교육과정에 나타난 법 관련 내용은 다음과 같다.

42) 교육인적자원부, 『사회과 교육과정』, 2.

〈표 Ⅶ-10〉 2007 개정 교육과정 사회과의 법 관련 내용

학교급	학년 과목	단원	내용
초등학교	6	(4) 우리나라의 민주 정치	① 우리나라의 민주화 과정에 대한 이해를 바탕으로, 민주주의는 참여를 통해 만들어 가는 것임을 이해한다. ② 헌법의 핵심적인 내용을 이해하고, 그 외의 다양한 법이 우리 생활을 위해 필요함을 인식한다. ③ 국회, 행정부, 법원의 구조와 기능을 권력 분립의 원리와 연관 지어 이해한다. ④ 인권을 존중하는 태도를 기른다. ⑤ 공공 생활에서 지켜야 할 기본적 의무를 자각하고 이를 준수하는 태도를 기른다. ⑥ 관용, 대화, 타협, 절차 준수 등 일상생활에서 민주주의를 실천하는 태도를 기른다.
중학교	7	(9) 우리의 생활과 법	① 우리의 모든 일상생활이 법과 연결되어 있다는 점을 이해한다. ② 법은 분쟁을 예방하여 서로 편리한 생활을 영위하기 위한 도구라는 점을 이해한다. ③ 분쟁과 갈등을 평화적으로 해결하기 위한 사법 제도와 그 원리를 이해한다. ④ 일상생활과 직업 생활 속에서 자신의 권리를 행사하는 적극적인 법의식을 가진다. ⑤ 법적 쟁점을 비판적으로 분석하고 합리적 해결 방안을 모색한다.
		(10) 인권 보호와 헌법	① 인권 의식의 성장과 헌법의 관계를 이해한다.

학교급	학년 과목	단원	내용
			② 우리나라 헌법의 기본 원리와 헌법을 보호하는 수단을 이해한다. ③ 우리나라 헌법이 구현하려는 정부의 성격과 형태를 이해한다. ④ 자신의 기본권을 실현하며 타인의 권리를 존중하는 시민 의식을 가진다.
고등 학교	10	(7) 인권 및 사회 정의의 법	① 현대 민주 국가에서 사회 정의 실현의 핵심으로서 인권 보장이 지닌 의미를 살펴보고, 이를 법의 역할과 관련지어 탐구한다. ② 개인의 인권을 보장하기 위한 장치로서 우리 헌법상의 기본권 보장의 원리를 인식하고, 특히 기본권 제한에는 한계가 있음을 이해한다. ③ 개인의 권익을 침해하는 행위가 불법 행위나 범죄 등으로 나타날 수 있음을 이해하고, 이에 대한 법적 구제 방안을 탐색한다. ④ 법 제도에 대한 다양한 국민 참여 방법 및 사례를 파악하고, 민주 시민으로서의 인권 의식과 법의식을 기른다. ⑤ 현대 사회생활에서 인권 및 사회 정의와 관련된 쟁점을 사회·문화적, 법적, 정치적, 경제적 측면에서 살펴보고, 이를 해결하기 위한 방안을 탐색한다.
	법과 사회	(1) 법 생활의 기초	① 여러 사회 규범 중에서 법이 필요한 이유를 이해한다. ② 입법, 행정, 사법 작용을 담당하는 기관의 기능을 중심으로 법 제도의 체계와 구조를 파악한다. ③ 다양한 형태의 법원(法源)과 이들

학교급	학년 과목	단원	내용
			간의 단계 구조를 이해한다. ④ 정의와 인권이 법 제도의 기본적 가치로서 가지는 의의를 이해한다. ⑤ 죄형 법정주의, 법치 행정의 원리, 조세 법률주의 등의 취지를 법의 민주적 정당성이라는 관점에서 파악한다. ⑥ 법 해석은 국민과 다른 법 기관도 할 수 있으나 최종적인 해석은 법원이 행한다는 것을 인식한다. ⑦ 분쟁의 예방과 해결을 위해서는 권리 의식이 필요함을 인식하고, 분쟁 해결을 위해 활용할 수 있는 다양한 제도와 법률 정보 획득 방법을 알고 적극적으로 이용하는 자세를 가진다. ⑧ 법치주의의 정착을 위해 법문화와 법의식이 중요한 이유를 구체적 사례를 통해 탐구하고, 사회 변동에 따라 나타나는 새로운 법 현상에 대한 대처 방안을 슬기롭게 모색한다. ⑩ 민주 시민 사회의 구성원으로서 헌법의 가치와 이념이 전체 법질서에 구현될 수 있도록 하는 비판적 법의식의 중요성을 이해한다.
		(2) 국가적 생활과 법	① 입헌주의의 의의와 발달 과정을 헌법의 개념 및 특징과 연관지어 이해한다. ② 인격권, 평등권(여성, 장애인, 사회적 소수자 등의 차별 관련), 자유권(일반적 행동의 자유, 사생활의 비밀과 자유, 양심의 자유, 표현의 자유 등) 및 사회권(교육을 받을 권리

학교급	학년 과목	단원	내용
			등) 등과 관련한 법적 쟁점을 구체적 사례를 중심으로 파악한다. ③ 헌법에 기본권 제한에 관한 규정을 두게 된 취지를 과잉 제한 금지의 원칙을 비롯한 제한의 한계에 중점을 두고 탐구한다. ④ 헌법 소원과 위헌 법률 심판 제도를 중심으로 헌법 재판 제도의 의의를 이해한다. ⑤ 국가와 지방 자치 단체의 활동이 법에 따라 이루어져야 하는 이유를 파악한다. ⑥ 행정에 대한 민주적 통제와 시민 참여의 중요성을 이해하고, 행정 작용으로 인해 침해된 시민의 권익을 구제하기 위한 다양한 행정법상의 제도들을 구체적 사례를 활용하여 이해한다. ⑦ 국제법의 법원(法源)을 알아보고, 평화로운 국제 관계를 위한 국제법의 기능을 이해한다. ⑧ 국가 간의 분쟁 해결 및 국제적 인권 보호를 위한 여러 방안을 탐색하고, 분쟁 해결과 관련된 국제기구의 기능을 국제 연합(UN)을 중심으로 파악한다.
		(3) 개인적 생활과 법	① 계약을 통해 권리와 의무가 발생함을 알고, 계약 체결의 과정과 계약의 중요성을 사례를 중심으로 파악한다. ② 부동산 매매와 임대차 계약의 법적 성질과 과정을 이해하고, 계약 당사자의 입장에서 주의할 점과 계약

학교급	학년 과목	단원	내용
			자 보호를 위한 관련 법 원리의 주요 내용을 파악한다. ③ 불법 행위의 의미를 다양한 사례를 통해 이해하고, 손해 배상의 책임을 지는 자와 책임을 묻는 자의 법적 권리와 의무를 분석한다. ④ 가족에 대한 법률 관계(혼인, 상속 등)에 대해 알아보고, 분쟁 시 고려해야 할 점들을 탐색한다. ⑤ 개인 간의 생활 관계에서 나타나는 각종 분쟁 사례를 찾아 권리 침해의 형태를 파악한다. ⑥ 민사 소송의 기능과 다양한 소송의 유형에 대해 알아보고, 침해된 권리를 구제하기 위한 방법으로 소송 외에도 다양한 제도가 있음을 이해한다.
		(4) 사회적 생활과 법	① 일상생활에서 발생하는 소비자 피해의 사례를 찾아보고, 소비자의 권리 보호를 위한 법적 제도와 구제 절차를 파악한다. ② 근로 계약의 특수성을 이해하고, 근로 계약 체결 시의 유의 사항을 이해한다. ③ 임금, 해고, 휴식, 노동 쟁의 등과 관련하여 법에 의해 보호되는 근로자의 주요 권리를 탐색하고, 근로자의 권리가 침해될 경우 구제받을 수 있는 법적 절차를 사례를 통해 파악한다.
		(5) 범죄와 형사 절차	① 죄형 법정주의를 통해 형법의 의의와 기능을 파악한다.

학교급	학년 과목	단원	내용
			② 범죄의 성립 요건과 위법성 및 책임 조각 사유를 구체적 사례를 통해 이해한다. ③ 일상생활 및 학교생활과 관련된 범죄의 형태와 유형을 파악하고, 범죄에 대한 형벌의 형태와 처벌 과정을 탐구한다. ④ 수사, 공판, 형벌의 집행으로 이어지는 형사 절차의 흐름을 이해하고, 형사 절차에서 피의자나 피고인이 누릴 수 있는 권리를 알아본다. ⑤ 공판 절차의 주요 내용을 파악하고, 상소 제도와 "의심스러울 때에는 피고인의 이익으로"라는 법리의 취지를 탐구한다. ⑥ 형벌이 집행되는 절차를 알아보고, 형사 처분이 일상생활에 미치는 영향을 파악한다.
	정치	(2) 국민의 권리와 의무	① 헌법이 정치 현상에 미치는 영향과 그 의의를 분석하고, 헌법이 국민 생활에 어떠한 영향을 주고 있는지 탐색한다. ② 헌법에 구현된 기본 원리를 탐색하고, 국민 주권의 의의를 파악하여 민주주의의 발전을 위해 권리를 올바르게 행사할 수 있는 자세를 가진다. ③ 헌법에 나타난 정부 조직과 통치의 기본적인 구조와 내용을 파악하여 우리나라의 통치 원리를 이해한다. ④ 헌법에 보장된 국민의 기본권을 파악하고 권리 행사의 한계와 권리 침해 시의 해결 방법을 모색한다.

학교급	학년 과목	단원	내용
			⑤ 민주주의를 발전시키기 위해 국민으로서 실천해야 하는 의무와 그 의의를 탐색하고, 이를 적극적으로 수행하는 태도를 가진다. ⑥ 국민 주권을 실현하는 과정에서 발생하는 개인의 권리와 공동체의 권리 간의 갈등 국면을 이해하고, 기본권 간의 침해와 갈등 상황을 분석하여 이를 조화롭게 해결할 수 있는 방안을 탐색한다.
		(3) 국가의 조직과 통치	③ 국회는 국가를 운영하는 법률을 제정, 개정하고, 행정부의 법률 집행을 감시, 견제하는 기능을 수행하고 있음을 파악하여 국회 활동에 관심을 가지고 참여하는 자세를 가진다. ④ 행정부의 수반인 대통령을 중심으로 법률을 집행하는 행정부의 조직과 주요 기능을 파악하고, 행정 현상이 국민에게 미치는 영향을 탐색하여 행정 활동에 관심을 가지고 참여하는 자세를 가진다. ⑤ 법률의 적용을 담당하는 법원의 기능과 필요성을 이해하고, 헌법 재판소가 국민의 법 생활에 중요한 의미를 지니고 있음을 파악하여 사법 활동에 관심을 가지고 참여하는 자세를 가진다.

초·중·고등학교 사회과 교육과정의 법 관련 내용은 사회과와 정치 과목, 법교육을 직접 담당하는 '법과 사회' 과목에서 나타난다.

사회과와 정치 과목의 법 관련 내용은 정치 영역과 생활 영역에서 나타나며 그 내용은 다음과 같다.

정치 영역에서의 법 관련 내용은 민주 정치에서 헌법의 핵심 내용, 삼권분립 등 헌법에 규정된 국가 통치구조와 관련 있는 내용, 인권 보호와 헌법, 국민의 권리와 의무에 관한 내용이다. 6학년의 '(3) 우리나라의 민주 정치' 단원, 중학교 7학년 '(10) 인권 보호와 헌법' 단원, 고등학교 10학년 '(7) 인권 및 사회 정의의 법' 단원에서 나타나며, 정치 과목 '(2) 국민의 권리와 의무', '(3) 국가의 조직과 통치' 단원에서 나타난다.

생활 영역에서의 법 관련 내용은 법과 일상생활의 관련성에 초점을 두고 접근하고 있는 것으로 생활법적 법교육의 성격을 띠는 내용이다. 중학교 7학년 '(9) 우리의 생활과 법' 단원에서, 고등학교 10학년 '(7) 인권 및 사회 정의의 법' 단원에서 나타난다.

법교육을 직접 담당하는 '법과 사회' 과목의 내용은 다음과 같다.

생활법 중심의 내용을 지향하고 있다. 법 생활의 기초, 국가적 생활과 법, 개인적 생활과 법, 사회적 생활과 법 등과 같은 단원명에서 보듯이 법과 생활의 관련성을 적시하고 있다.

법 지식 중심의 내용으로 구성되어 있다. '국가적 생활과 법' 단원에서 헌법의 개념과 특징, 헌법의 기본권 제한 규정, '범죄와 형사 절차' 단원에서 죄형 법정주의와 형법의 의의, 위법성 및 책임 조각 사유, 공판 절차 등은 법학의 입문 내용에 가깝다.

3) 방법

2007 개정 사회과 교육과정에서 법교육의 방법은 초・중학교 사회과, 고등학교 10학년 사회과, 정치 과목 등에서 일반적인 방법으로서 포괄적으로 진술되어 있다. 구체적인 방법은 다음과 같다.

생활 사례 및 문제 중심의 학습을 제안하고 있다. 초・중학교 사회과 교수・학습 방법은 교육 현장에 적합한 주제와 문제를 중심으로 단원을 구성하여 수업이 이루어지게 하고, 현대 사회의 정치적, 경제적, 사회적, 문화적 현상을 실증적 자료와 구체적인 사례에 근거하여 분석할 수 있도록 하고 있다.[43] 고등학교 정치 과목 교수・학습 방법은 국내외 정치 현상의 구체적 사례를 비교, 분석하도록 하고 있고, 국내외 사례를 활용하여 쟁점과 갈등을 파악하도록 하고 있다.[44]

체험 및 활동 중심의 학습을 제안하고 있다. 초・중학교 사회과 교수・학습 방법은 질문, 조사, 토의, 논술, 관찰 및 면담, 현장 견학과 체험, 초청 강연, 실험, 역할놀이와 시뮬레이션 게임, 모의 재판과 모의국회, 사회 참여 등의 다양한 학습 방법을 학습 내용의 성격에 비추어 적절하게 활용하도록 하고 있고,[45] 고등학교 정치 과목의 교수・학습 방법은 현장 학습과 견학, 사회 참여 등의 다양한 체험 학습을 제공하도록 안내하고 있다.[46]

학습자 중심의 학습을 권장하고 있다. 초・중학교 사회과 교수・

43) 교육인적자원부, 『사회과 교육과정』, 34.
44) 교육인적자원부, 『사회과 교육과정』, 114.
45) 교육인적자원부, 『사회과 교육과정』, 34.
46) 교육인적자원부, 『사회과 교육과정』, 114.

학습 방법은 학생들의 학업 성취 수준, 흥미, 사회적 요구 등을 고려하도록 하고 있고,[47] 고등학교 정치 과목의 교수·학습 방법은 탐구학습, 토론 학습, 의사 결정 학습, 문제해결학습, 논쟁 문제 학습, 사회 참여 학습, NIE 학습, 현장 견학, 초청 강연 등 다양한 방법을 활용하여 학습에 흥미있게 참여하도록 한다.

법과 사회 과목에는 법교육 방법들이 구체적으로 진술되어 있으며 그 내용은 다음과 같다.[48]

법적 문제 및 사례 중심의 학습을 강조하고 있다. 교수·학습 방법은 신문, 방송의 뉴스 자료나 헌법 재판소 결정, 대법원 판례 등 다양한 사례를 활용하도록 하고 있다.

판례 연구 및 모의재판과 같은 법교육의 대표적인 방법을 강조하고 있다. 헌법재판소 결정, 대법원 판례의 활용과 모의재판, 법생활과 관련된 외부 전문가들의 초빙 강연 등을 제안하고 있다.

학습자 중심의 수업을 강조하고 있다. 법과 관련된 영화나 방송 드라마, 유명한 판결 등을 자료로 활용하여 학생들이 일상생활 속에서 법을 쉽고 친근하게 체험할 수 있도록 한다.

체험 중심의 학습을 강조하고 있다. 견학, 모의재판, 역할놀이, 대화법 등 역동적인 교수 학습법을 활용하여 법과 관련된 다양한 체험의 기회를 제공할 것을 제안하고 있다.

47) 교육인적자원부, 『사회과 교육과정』, 34.
48) 교육인적자원부, 『사회과 교육과정』, 105.

11. 2009 개정 교육과정기(2009~2015)

1) 개요

2009 개정 교육과정이 추구하는 인간상은 전인적 성장의 기반 위에 개성의 발달과 진로를 개척하는 사람, 기초 능력의 바탕 위에 새로운 발상과 도전으로 창의성을 발휘하는 사람, 문화적 소양과 다원적 가치에 대한 이해를 바탕으로 품격 있는 삶을 영위하는 사람, 세계와 소통하는 시민으로서 배려와 나눔의 정신으로 공동체 발전에 참여하는 사람이다.[49]

사회과에서 변화된 것은 교육과정을 공통 교육과정과 선택 교육과정으로 나누고, 공통 교육과정 초등학교 3학년에서 중학교 3학년까지 '사회' 교과를 두고, 선택교육과정 고등학교 1학년부터 3학년까지 일반 과정으로 9개 과목을 편성하였다. 법교육과 관련 있는 일반 과정은 '사회', '법과 정치'이다. 선택 교육과정 심화 과정으로 11개 과목을 편성하였고 법교육과 관련 있는 과목은 '국제법'이다.

공통 교육과정 '사회' 교과의 내용 영역을 '지리', '일반사회', '역사'로 구분하고, 법 관련 내용은 '일반사회'에서 찾을 수 있다. '사회' 교과의 목표 진술에서 법 관련 내용으로 인권을 확인할 수 있다.

> 사회과에서 육성하고자 하는 민주 시민은 사회생활을 영

49) 교육부, 『2022 개정 교육과정 총론 해설 초등학교』, 138

위하는 데 필요한 지식을 바탕으로 **인권 존중**, 관용과 타협의 정신, 사회 정의의 실현, 공동체 의식, 참여와 책임 의식 등의 민주적 가치와 태도를 함양하고, 나아가 개인적, 사회적 문제를 합리적으로 해결하는 능력을 길러 개인의 발전은 물론, 사회, 국가, 인류의 발전에 기여할 수 있는 자질을 갖춘 사람이다.[50)]

선택 교육과정 일반 과목 '법과 정치'는 2007 개정 교육과정의 '법과 사회'와 '정치' 과목이 통합된 것이다. '법과 정치' 과목의 목표는 다음과 같다.

'법과 정치' 과목은 정치 현상과 법체계 그리고 국민의 기본적 권리와 의무에 대한 이해를 통해 공동체 생활의 원리를 파악하며 정치·법 생활에 능동적으로 참여하는 민주 시민의 자질을 함양하기 위해 개설된 사회 교과의 선택 과목이다.[51)]

선택 교육과정 심화 과목 '국제법'은 2009 개정 교육과정에서 처음 개설된 과목이며 그 목표는 다음과 같다.

'국제법' 과목은 국제 사회의 제도적, 규범적 성격을 이해하고, 국제 사회에서 발생하는 개인적, 지역적, 국가적 갈등을 국제법적 관점에서 조망할 수 있는 능력을 갖춘 국제 사회의 책임 있는 시민을 육성하기 위한 과목으로, 공통 교육

50) 교육과학기술부, 『사회과 교육과정』 (교육과학기술부 고시 제2012-14호) (경기: 우신기획, 2012), 4.
51) 교육과학기술부, 『사회과 교육과정』, 143.

과정 과목의 하나인 '사회'와 고등학교 보통 교과 선택 과목 인 '법과 정치' 등의 과목과 상호 관련성을 가진다.[52)]

또한, 범교과적 학습 주제에 법교육과 관련되는 주제로 민주 시민 교육, 인권교육, 지적 재산권 교육 등이 있고, 교과와 창의적 체험 활동 등 교육 활동 전반에 걸쳐 통합하여 가르치도록 하고 있다.[53)]

2) 내용

2009 개정 교육과정 시기 법교육은 초등학교 5~6학년군 사회, 중학교 1~3학년군 사회, 고등학교 '사회', '법과 정치' 과목에서 찾아 볼 수 있다. 초·중·고등학교 사회과 교육과정에 나타난 법 관련 내용은 다음과 같다.

〈표 Ⅶ-11〉 2009 개정 교육과정 사회과의 법 관련 내용

학교급	학년/과목	영역 및 단원	학습 내용 성취 기준
초등학교	5~6학년 사회	(4) 우리나라의 민주 정치	(가) 헌법의 핵심적인 내용(예, 국가 조직의 기본 원리, 국민의 기본적인 권리와 의무)을 이해하고, 법(예, 민법, 형법 등)이 우리 생활과 연관되어 있음을 이해할 수 있다. (나) 기본적인 인권의 개념을 이해하

52) 교육과학기술부, 『사회과 교육과정』, 143, 204.
53) 교육과학기술부, 『초·중등학교 교육과정 총론』(교육과학기술부 고시 제2012-31호 2012. 12. 13), 26-27.

학교급	학년/ 과목	영역 및 단원	학습 내용 성취 기준
			고, 학교생활 등 일상생활에서 기본적인 인권이 보장받지 못하는 사례를 조사하여 이를 해결하기 위한 방안을 모색할 수 있다. (다) 국민의 기본적 의무(예, 국방 · 납세 · 근로 · 교육 · 환경 보전 · 공공복리에 적합한 재산권 행사의 의무)를 이해하고, 이를 준수하는 태도의 중요성을 설명할 수 있다. (라) 국회, 행정부, 법원의 구조와 기능을 이해하고, 각 기관이 삼권분립을 원칙으로 하여 운영되는 까닭을 설명할 수 있다.
중학교	1~3 학년 사회	(8) 일상생활과 법	① 다른 사회규범과의 비교를 통해 법의 의미와 특성을 이해하고, 일상생활의 사례에 대한 분석을 통해 권리 보호와 분쟁 해결을 중심으로 법의 필요성을 인식한다. ② 규율하는 생활 영역 중심으로 법 규범을 공법, 사법, 사회법으로 구분하고, 사례 분석을 통해 각각의 특징에 대해 탐구한다. ③ 재판의 의미와 종류(예, 민사재판, 형사재판 등)를 이해하고, 심급제도가 가지는 법적 의의를 설명할 수 있다.
		(9) 인권 보장과 헌법	① 인권 보장의 역사적 전개 과정을 이해하고, 인권 보장을 위한 장치로서 헌법의 의의를 인식한다. ② 우리나라 헌법에서 보장하고 있는 기본권의 내용을 이해하고, 기본권 제한과 관련된 내용을 헌법에 규정하고 있는 이유를 탐구한다.

학교급	학년/과목	영역 및 단원	학습 내용 성취 기준
			③ 인권 침해 사례와 구제 방안에 대한 분석을 통해 인권 보장과 관련된 국가기관(예: 법원, 헌법재판소, 국가인권위원회 등)의 역할을 이해한다.
		(10) 헌법과 국가기관	① 입법부로서 국회의 위상과 역할을 이해하고, 국회의 조직과 기능을 탐구한다. ② 행정부 수반으로서 대통령의 지위와 권한을 이해하고, 행정부의 주요 조직과 기능을 탐구한다. ③ 법원과 헌법재판소의 위상과 역할을 이해하고, 사법부의 조직과 기능을 탐구한다.
고등학교	선택교육과정 일반과정 사회	(2) 공정성과 삶의 질	(가) 개인과 공동체 ① 인간 존엄성의 의미를 이해하고, 구체적인 사례를 통해 인간의 존엄한 삶을 위해 자유를 비롯한 다양한 권리가 필요함을 인식한다. ② 개인의 자유와 국가의 정책이 대립하거나 갈등하는 구체적인 사례를 살펴보고, 이를 합리적으로 해결하는 방안을 모색한다. ③ 헌법에 규정된 자유민주적 기본질서를 유지하기 위한 다양한 제도적 장치를 파악하고, 공동체 발전을 위하여 주권자로서 사회 참여의 중요성을 인식한다.
	선택교육과정	(1) 민주 정치와 법	① 정치의 의미와 기능을 이해하고 민주정치의 발전 과정을 역사적 맥락 속에서 이해한다.

학교급	학년/과목	영역 및 단원	학습 내용 성취 기준
			② 법치주의의 의미를 이해하고 법치주의와 민주정치의 관계를 파악한다. ③ 우리나라 민주정치의 특성과 문제점을 파악하고 개선방안을 모색한다.
		(3) 헌법의 기본 원리	① 헌법의 정치적·법적 의의를 이해하고, 우리나라 헌법의 기본 원리를 탐구한다. ② 기본권과 의무의 종류와 내용을 이해하고 기본권 제한의 조건과 그 한계를 파악한다. ③ 국회는 국가를 운영하는 법률을 제정 및 개정하고, 행정부를 감시, 견제하는 기능을 수행하고 있음을 파악한다. ④ 행정부 수반으로서 대통령의 지위와 권한을 이해하고, 행정부의 주요 조직과 기능을 파악한다. ⑤ 법원과 헌법 재판소의 위상과 조직을 이해하고, 구체적인 사례를 통해 그 기능을 탐구한다.
	일반 과정 법과 정치	(4) 개인 생활과 법	① 민법의 기본 원리를 파악하고 계약 체결의 의미와 과정을 사례를 중심으로 탐구한다. ② 불법행위의 의미를 이해하고 침해된 권리를 구제하기 위한 방법을 사례를 통해 탐구한다. ③ 가족관계와 관련된 기본적인 법률 내용을 생활 속의 사례를 통해 이해한다. ④ 부동산과 관련된 기본적인 법률적 내용을 생활 속의 사례를 통해 이해한다.
		(5) 사회생활과 법	① 죄형법정주의를 중심으로 형법의 의의와 기능을 파악하고 범죄와 형벌의 종류를 이해한다.

학교급	학년/과목	영역 및 단원	학습 내용 성취 기준
			② 형사절차의 흐름을 이해하고 형사절차에서 인권을 보장하는 원칙과 제도를 탐구한다. ③ 현대 사회에서 사회법이 발달하여 여러 가지 사회문제를 해결하는데 기여함을 사례를 통해 파악한다.
		(6) 국제사회의 법과 정치	② 국제 사회에는 국가, 국제기구, 다국적 기업, 국제단체 등 여러 행위 주체들이 다양한 방법으로 국제 관계에 영향을 끼치고 있음을 이해한다. 특히 국제연합과 국제사법재판소의 역할과 한계에 대한 내용을 사례 중심으로 이해한다. ③ 국제법의 존재형태를 이해하고, 국내법과의 관계를 중심으로 국제법이 갖는 특성과 기능을 이해한다. ④ 국제분쟁의 해결방식을 이해하고 바람직한 국제관계의 방향을 모색하여 세계 시민으로서의 안목을 갖는다.
	선택 교육 과정 심화 과정 국제법	(1) 국제법의 성립과 발전	(가) 국제 사회와 국제법: 국제법의 개념과 의의를 국제 사회의 성립 및 발전과 관련하여 이해한다. 또한 확대되고 있는 국제법의 주체와 국제법의 성격을 이해한다. (나) 국제법의 역사적 발전: 근대 국제법과 현대 국제법을 비교함으로써 국제법의 적용 대상이 확대되고 그 위상이 높아졌음을 파악한다. (다) 국제법의 연원: 국제법의 연원인 국제 조약과 국제 관습법을 알아보고, 국제법의 성격과 역할 및 그 한계를 국내법과 비교 분석한다.

학교급	학년/과목	영역 및 단원	학습 내용 성취 기준
		(2) 국제법의 주체	(가) 국제 사회와 국가: 국가 승인, 정부 승인, 교전 단체의 승인 등 국제법상의 승인 제도를 파악하고, 국가 승계의 개념 및 유형을 살펴보고, 조약 승계, 국유 재산 및 국가 부채 승계에 대해 이해한다. (나) 국제 사회와 개인: 세계화 추세 속에서 개인의 국적에 관한 규율, 외국인의 법적 지위, 범죄인 인도와 난민 보호, 인권 보호의 국제화, 국제적 상사 분쟁 등 개인의 국제법적지위가 점차 향상되어 가고 있는 추세와 해당 제도를 탐구한다. (다) 국제 사회와 국제 조직: 세계화의 물결과 함께 국가 이외의 국제 단체 및 국제 조직 등을 사례 중심으로 탐구한다.
		(3) 외교 사절과 국제 조약	(가) 외교 사절의 활동: 외교 사절 제도가 역사적으로 어떻게 발전되었는지, 국제법은 외교 사절 제도를 어떻게 규율하고 있는지 살펴본다. 또한 외교 관계의 수립, 외교 사절의 유형 및 직무 그리고 특권과 면제 제도 등에 대해 살펴본다. (나) 다양한 국제 조약: 조약의 체결과정과 종류, 그리고 그 효력과 조약의 소멸 등을 이해한다. (다) 한국과 국제 조약: 국제 질서 형성에 있어 적극적인 참여자로서 우리나라의 외교 관계의 중요성을 인식하고, 우리나라가 가입한 국제 조약 현황 등에 대해 살펴본다.

학교급	학년/과목	영역 및 단원	학습 내용 성취 기준
		(4) 국제 사회의 사적 관계	(가) 국제화 시대의 생활 관계: 일상생활에서 발생하는 섭외적 생활 관계의 구체적 사례를 통해 국제 사법의 필요성을 이해한다. (나) 국제 사법의 의의와 기능: 국제 사법 중 국제 민법과 국제 민사 소송법, 그리고 섭외 사법 등에 대해 파악한다. (다) 국제 사법의 내용과 적용: 민사에 관한 규정으로써 국제 민법 총칙, 국제 재산법, 국제신분법과 상사에 관한 규정으로써 국제 상사법을 법 규정을 통해 이해하고, 세계화 시대의 상호 협력의 필요성을 도출한다.
		(5) 국제 사회와 국제 조직	(가) 다양한 국제기구의 활동: 국제기구들이 평화 유지, 인권 신장, 환경 보호, 경제 협력 등 여러 분야에서 활동하기 때문에 다양한 국제법상의 문제가 발생함을 이해한다. (나) 국제 연합의 조직과 활동: 국제 연합의 총회와 안전 보장 이사회, 그리고 사무국 등을 이해하고, 최근 이슈가 되고 있는 국제 연합 개혁 방안에 대해 탐색한다. (다) 국제기구에서 한국의 활동: 국제 연합 이외에 우리나라가 가입한 다양한 국제기구를 알아보고, 그러한 국제기구에서 활동하고 있는 대표적 인물들의 활동상을 조사한다. 또한 우리나라의 외교 정책을 분석하고 국제기구에서의 한국의 위상과 역할을 탐색한다.
		(6) 국제법의 역할과 기능	(가) 주권 국가와 영토: 국제 분쟁의 원인이 되는 국가 영역의 요소를 이

학교급	학년/과목	영역 및 단원	학습 내용 성취 기준
			해하고 이들 요소의 제한과 변경의 양태를 이해한다. (나) 국제 분쟁의 발생과 해결: 다양한 요소와 이해관계 속에서 발생하는 국제 분쟁에 대한 해결 방법들을 탐구한다. (다) 국제 사회의 안전 보장: 국제 사회의 안전 보장을 위한 여러 방안을 살펴보고, 정전 상태에 있는 한반도에서 우리 안보와 평화를 위한 방안을 모색한다.

사회과의 법 관련 내용은 정치 영역과 법 생활 영역으로 구분되며 그 내용은 다음과 같다.

정치 영역에서의 법 관련 내용은 민주 정치에서 헌법의 핵심 내용, 인권의 개념, 국민의 권리와 의무, 삼권분립 등 헌법에 규정된 국가 통치구조와 관련 있는 내용, 인권 보장과 헌법에 관한 내용이다. 5~6학년군의 '(4) 우리나라의 민주 정치' 단원, 중학교 1~3학년군 '(9) 인권 보장과 헌법', '(10) 헌법과 국가 기관' 단원, 고등학교 사회 '(2) 공정성과 삶의 질' 단원에서 나타나며, 고등학교 '법과 정치' 과목 '(1) 민주 정치와 법', '(3) 헌법의 기본원리' 단원에서 나타난다.

법 생활 영역에서의 법 관련 내용은 법과 일상생활의 관련성에 초점을 두고 접근하고 있으며 생활법적 법교육의 성격을 띠고 있다. 중학교 1~3학년군 '(8) 일상생활과 법' 단원에서, 고등학교 '법과 정치' 과목 '(4) 개인 생활과 법', '(5) 사회 생활과 법' 단원에서 나타난다.

선택 교육과정의 심화 과목 '국제법' 과목의 내용은 다음과 같이 구성되어 있다.

법 지식 중심의 내용으로 되어 있다. '국제법의 성립과 발전', '국제법의 주체', '외교 사절과 국제 조약', '국제 사회와 국제 조직', '국제법의 역할과 기능' 영역은 국제법학의 입문 단계의 내용에 가깝다.

생활법 중심의 내용을 담고 있다. '국제 사회의 사적 관계' 영역에서 국제화 시대의 생활 관계를 일상생활에서 발생하는 구체적 사례를 통해 접근하고 있다.

3) 방법

2009 개정 사회과 교육과정에서 법교육의 방법은 초·중학교 사회과, 고등학교 '사회', '법과 정치' 과목에서 일반적인 방법으로서 포괄적으로 진술되어 있다. 구체적인 방법은 다음과 같다.

생활 사례 및 문제 중심의 학습을 제안하고 있다. 초·중학교 사회과 교수·학습 방법은 쟁점이나 문제 상황, 가치 갈등 상황, 인권 침해 사례 등 다양한 상황이나 사례를 제시하도록 하고 있고,[54] 일상생활에서 흔히 접할 수 있는 다양한 문제 및 갈등 사례를 합리적으로 해결할 수 있도록 하고 있다.[55] 고등학교 '사회' 과

54) 교육과학기술부, 『사회과 교육과정』, 31.
55) 교육과학기술부, 『사회과 교육과정』, 32.

목 교수·학습 방법은 '이슈 또는 문제 예시'는 교육 현장에 적합한 주제와 문제를 중심으로 단원을 재구성하여 수업이 이루어질 수 있도록 하고 있고, 실증적 자료와 구체적인 사례에 근거하여 분석할 수 있도록 안내하고 있으며,[56] 고등학교 '법과 정치' 과목 교수·학습 방법은 실생활과 관련된 풍부한 사례를 접할 수 있도록 방송 자료, 신문 자료, 헌법 재판소 결정, 대법원 판례, 인터넷 자료 및 영화, 드라마, 시사 만화, 통계 자료 등을 활용하여 시민생활에 대한 흥미를 높이고, 구체적인 일상생활의 문제를 다루어 보는 경험을 제공하도록 한다.[57]

체험 및 활동 중심의 학습을 제안하고 있다. 초·중학교 사회과 교수·학습 방법은 학생들이 합리적인 해결 방안을 모색하고 실천할 수 있도록 체험 중심의 교수·학습 방법과 자료를 활용하도록 하고 있고,[58] 고등학교 '사회' 과목의 교수·학습 방법은 조사, 토의, 찬반 토론, 탐구, 논술, 관찰 및 면담, 현장 견학과 체험, 초청 강연, 실험, 역할놀이와 시뮬레이션 게임, 사회 참여, 극화 학습, 제작 학습, 프로젝트 학습 등의 다양한 학습 방법을 활용하도록 하고 있으며,[59] 고등학교 '법과 정치' 과목 교수·학습 방법은 탐구학습, 토론 학습, 의사 결정 학습, 문제해결학습, 논쟁 문제 학습, 모의재판, 역할 놀이, 신문 활용 교육(NIE) 등 다양한 방법을 활용하도록 하고 있다.[60]

56) 교육과학기술부, 『사회과 교육과정』, 75.
57) 교육과학기술부, 『사회과 교육과정』, 147.
58) 교육과학기술부, 『사회과 교육과정』, 31.
59) 교육과학기술부, 『사회과 교육과정』, 75.
60) 교육과학기술부, 『사회과 교육과정』, 147.

학습자 중심의 학습을 권장하고 있다. 초・중학교 사회과 교수・학습 방법은 학생들의 학업 성취 수준, 흥미, 사회적 요구 등을 고려하도록 하고 있고,[61] 고등학교 '사회' 과목의 교수・학습 방법은 학습자 스스로 지식을 구성하고 자기 주도적 학습 능력을 향상시킬 수 있도록 하고 있다.[62]

'국제법' 과목에서 제안하고 있는 법교육 방법은 다음과 같다.[63]

문제 및 사례 중심의 학습을 강조하고 있다. 교수・학습 방법은 여러 국제 관계와 국제 문제들을 법리적으로 파악하도록 하고 있고, 구체적인 사례를 활용한다.

학습자 중심의 수업을 강조하고 있다. 학생들의 탐구에 기초한 자기 주도적인 열린 학습을 권장한다.

12. 2015 개정 교육과정기(2015~2022)

1) 개요

2015 개정 교육과정은 한편으로 미래 사회의 변화에 대응하기 위한 국가・사회적 요구를 학교 교육과정에 반영하며, 다른 한편으로 학교 현장에서 제기되는 다양한 문제점들에 대한 개선 방안을 제시한다는 목적에 따라 추진되었다.[64] 2015 개정 교육과정의

61) 교육과학기술부, 『사회과 교육과정』, 32.
62) 교육과학기술부, 『사회과 교육과정』, 74.
63) 교육과학기술부, 『사회과 교육과정』, 208.
64) 교육부, 『2015 개정 교육과정 총론 해설-초등학교』 (서울: (사)한국장애

비전은 '미래사회가 요구하는 창의융합형 인재 양성'과, '학습 경험의 질 개선을 통한 행복한 학습의 구현'이다.[65] 이러한 비전에 따라 사회과의 교과 역량과 내용을 설정하고 구성하였다.

사회과에서 변화된 것은 교육과정을 공통 교육과정, 선택 중심 교육과정으로 나누고, 초등학교 3학년에서 중학교 3학년까지 공통 교육과정에 '사회', '역사'를 두고, 고등학교 선택 중심 교육과정에 공통 과목 2개, 일반 선택 과목 7개를 편성된 것이다. 법교육과 관련 있는 과목은 '사회', '통합사회', '정치와 법'이다. 그리고 국제계열 전문교과 I 의 과목으로 국제법 과목이 개설되었다.

공통 교육과정 '사회' 교과의 성격에 법교육에 해당하는 '인권존중'을 적시하고 있다.

> 사회과에서 육성하고자 하는 민주 시민은 사회현상을 이해하고 사회생활을 영위하는 데 필요한 지식의 습득을 바탕으로 **인권 존중**, 관용과 타협의 정신, 사회 정의의 실현, 공동체 의식, 참여와 책임 의식 등의 민주적 가치와 태도를 함양하고, 나아가 개인적, 사회적 문제를 합리적으로 해결하는 능력을 길러 개인의 발전은 물론, 사회, 국가, 인류의 발전에 기여할 수 있는 자질을 갖춘 사람이다.[66]

사회과의 내용 체계에서 '법' 영역이 처음으로 나타나고 하위

인문화인쇄협회, 2016), 25.

65) 교육부, 『2015 개정 교육과정 총론 해설-초등학교』, 26.

66) 교육부, 『사회과 교육과정』 (교육부 고시 제2018-162호 [별책 7], 교육부 고시 제2015-74호의 일부개정 포함, 2018. 7.), 3.

내용 요소로 핵심 개념, 일반화된 지식, 내용 요소, 기능 등이 제시되었다.

〈표 Ⅶ-12〉 2015 개정 교육과정 사회과 내용 체계에서 법 영역

<table>
<tr><th rowspan="3">영역</th><th rowspan="3">핵심 개념</th><th rowspan="3">일반화된 지식</th><th colspan="3">내용 요소</th><th rowspan="3">기능</th></tr>
<tr><th colspan="2">초등학교</th><th>중학교</th></tr>
<tr><th>3~4학년</th><th>5~6학년</th><th>1~3학년</th></tr>
<tr><td rowspan="3">법</td><td>헌법과 우리 생활</td><td>헌법은 국민의 기본권을 보장하고, 국가기관의 구성 및 역할을 규정한다.</td><td></td><td>인권, 헌법, 기본권과 의무, 국가 기관의 구성</td><td>인권, 헌법, 기본권, 국가기관의 구성 및 조직</td><td rowspan="3">조사하기
분석하기
구분하기
적용하기
존중하기
참여하기</td></tr>
<tr><td>개인 생활과 법</td><td>민법은 가족 관계를 포함한 개인 간의 법률관계와 재산 관계를 규율한다.</td><td rowspan="2"></td><td rowspan="2">법, 법의 역할</td><td rowspan="2">법, 법의 구분, 재판</td></tr>
<tr><td>사회 생활과 법</td><td>우리나라는 공동체 질서 유지를 위한 형법과 사회적 약자 보호를 위한 사회법을 통해 정의로운 사회를 구현한다.</td></tr>
</table>

공통 과목 '통합사회'의 성격에서 법교육에 해당하는 인권을 적시하고 있다.

> 통합사회는 중학교 사회(역사 포함)/도덕 교과(군) 및 고등학교 선택 과목과 긴밀한 연계를 갖도록 구성하며, 시간적, 공간적, 사회적, 윤리적 관점이 조화와 균형을 이루면서 '삶의 이해와 환경', '인간과 공동체', '사회 변화와 공존'의 영역

> 안에서 행복, 자연환경, 생활공간, **인권**, 시장, 정의, 문화, 세계화, 지속가능한 삶과 같은 주요 핵심 개념을 다룬다.[67]

일반 선택 과목 '정치와 법'은 현대 민주·법치 국가의 공동체 구성원에게 요구되는 시민 의식, 정치적·법적 사고력, 가치 판단 및 문제 해결 능력을 함양하고, 정치와 법 생활에 능동적으로 참여하는 민주 시민의 자질을 함양하기 위해 개설된 사회과의 선택 과목으로서[68] 법과 정치를 통합하여 법교육을 직접 담당하고 있다.

'국제법'은 국제계열 전문교과Ⅰ의 과목으로 되어 특수 목적 고등학교의 대상 교과가 되었으며, 그 성격은 다음과 같다.

> '국제법' 과목은 국제법의 체계와 내용, 특징을 이해하고 국제 사회 주체들의 다양한 갈등 사례들을 법적 관점에서 분석하고 해결할 수 있는 세계 시민으로서의 자질을 함양하기 위한 과목이다. '국제법' 과목은 국제법 전문가 양성이라는 일차적 목표에 더하여 오늘날 국제 사회에서 점증하는 상호 협력과 갈등 관계를 이해하고 이러한 국제 관계를 제도적·규범적으로 규율할 수 있는 국제법의 역할에 주목함으로써 국제 사회의 평화와 질서 유지에 기여할 수 있는 세계 시민을 길러내는 데 궁극적인 목표를 둔다.[69]

---

67) 교육부, 『사회과 교육과정』 (교육부 고시 제2015-74호 [별책 7], 국가교육위원회 고시 제2024-1호 일부개정 포함, 2024. 8. 16.), 121.
68) 교육부, 『사회과 교육과정』 (2015 개정, 일부개정 2024), 229.
69) 교육부, 『국제 계열 전문 교과 교육과정』 (교육부 고시 제2015-74호 [별책 24], 국가교육위원회 고시 제2024-1호 일부개정 포함, 2024.8.16.), 23.

범교과 학습 주제 교육은 총 10개 주제로 범주화되어 있는데, 이 중 법교육과 관련 있는 것은 민주 시민 교육과 인권 교육이다.

> 민주 시민 교육은 건전한 사회를 위해 청렴·반부패 문화를 형성하고, 헌법의 정신 및 법질서를 존중하도록 하며, 생산 활동에 참여하고 있는 근로자의 권리와 의무 등에 대한 교육에 중점을 두고 있다. 또한 인권 교육은 아동 및 청소년이 존중받으며 살아갈 수 있게 하고, 장애인 이 차별받지 않도록 하며, 양성평등, 노동인권 존중 등과 같이 이 세상에서 함께 살아가고 있는 인간의 존엄성과 인권이 존중받고, 각종 폭력을 예방하도록 한다.[70)]

2) 내용

2015 개정 교육과정 시기 법교육은 초등학교 5~6학년군 사회, 중학교 1~3학년군 사회, 고등학교 통합 사회, '정치와 법' 과목에서 찾아 볼 수 있다. 초·중·고등학교 사회과 교육과정에 나타난 법 관련 내용은 다음과 같다.

〈표 Ⅶ-13〉 2015 개정 교육과정 사회과의 법 관련 내용

학교급	학년/과목	영역 및 단원	성취 기준
초등학교	5~6학년	(2) 인권 존중과 정의로운 사회	[6사02-01] 인권의 중요성을 인식하고 인권 신장을 위해 노력했던 옛 사람들의 활동을 탐구한다.

70) 교육부, 『2015 개정 교육과정 총론 해설-초등학교』, 61.

학교급	학년/과목	영역 및 단원	성취 기준
	사회		[6사02-02] 생활 속에서 인권 보장이 필요한 사례를 탐구하여 인권의 중요성을 인식하고, 인권 보호를 실천하는 태도를 기른다. [6사02-03] 인권 보장 측면에서 헌법의 의미와 역할을 탐구하고, 그 중요성을 설명한다. [6사02-04] 헌법에서 규정하는 기본권과 의무가 일상생활에 적용된 사례를 조사하고, 권리와 의무의 조화를 추구하는 자세를 기른다. [6사02-05] 우리 생활 속에서 법이 적용되는 다양한 사례를 제시하고, 법의 의미와 성격을 설명한다. [6사02-06] 법의 역할을 권리 보호와 질서 유지의 측면에서 설명하고, 법을 준수하는 태도를 기른다.
중학교	1~3학년 사회	(5) 일상생활과 법	[9사(일사)05-01] 법의 의미와 특성을 이해하고, 사례 분석을 통해 법의 목적을 탐구한다. [9사(일사)05-02] 규율하는 생활 영역 중심으로 법을 공법, 사법, 사회법으로 구분하고, 사례 분석을 통해 각 영역의 특징을 탐구한다. [9사(일사)05-03] 재판의 의미와 종류(민사재판, 형사재판)를 이해하고, 공정한 재판을 위한 제도를 분석한다.
		(6) 인권과 헌법	[9사(일사)06-01] 인권 보장의 중요성을 이해하고, 우리나라 헌법에서 보장하고 있는 기본권의 종류, 기본권 제한의 내용과 한계를 탐구한다.

학교급	학년/과목	영역 및 단원	성취 기준
			[9사(일사)06-02] 일상생활에서 인권이 침해되는 사례를 분석하고, 국가기관에 의한 구제 방법을 조사한다. [9사(일사)06-03] 헌법에 보장된 근로자의 권리를 이해하고, 노동권 침해 사례와 구제 방법을 조사한다.
		(7) 헌법과 국가기관	[9사(일사)07-01] 입법기관으로서 국회의 위상을 이해하고, 국회의 주요 조직과 기능을 조사한다. [9사(일사)07-02] 대통령의 지위와 권한을 이해하고, 행정부의 주요 조직과 기능을 조사한다. [9사(일사)07-03] 법원의 주요 조직과 기능을 조사하고, 헌법 재판소의 위상과 역할을 분석한다.
고등학교	선택중심교육과정 공통과목 통합사회	[2. 인간과 공동체] (4) 인권 보장과 헌법	[10통사04-01] 근대 시민 혁명 등을 통해 확립되어 온 인권의 의미와 변화 양상을 이해하고, 현대 사회에서 주거, 안전, 환경 등 다양한 영역으로 인권이 확장되고 있는 사례를 조사한다. [10통사04-02] 인간 존엄성 실현과 인권 보장을 위한 헌법의 역할을 파악하고, 준법 의식과 시민 참여의 필요성에 대해 탐구한다. [10통사04-03] 사회적 소수자 차별, 청소년의 노동권 등 국내 인권 문제와 인권지수를 통해 확인할 수 있는 세계 인권 문제의 양상을 조사하고, 이에 대한 해결 방안을 제시한다.

학교급	학년/ 과목	영역 및 단원	성취 기준
	선택 중심 교육 과정 일반 선택 정치와 법	(1) 민주주의와 헌법	[12정법01-01] 정치의 기능과 법의 이념을 이해하고, 민주주의와 법치주의의 발전 과정을 분석한다. [12정법01-02] 헌법의 의의와 기능을 이해하고, 우리 헌법의 기본 원리를 탐구한다. [12정법01-03] 우리 헌법에서 보장하는 기본권의 내용을 분석하고, 기본권 제한의 요건과 한계를 탐구한다.
		(4) 개인 생활과 법	[12정법04-01] 민법의 의의와 기능을 이해하고, 민법의 기본 원리를 탐구한다. [12정법04-02] 재산 관계(계약, 불법행위)와 관련된 기본적인 법률 내용을 이해하고, 이를 일상생활의 사례에 적용한다. [12정법04-03] 가족 관계(부부, 부모와 자녀)와 관련된 기본적인 법률 내용을 이해하고, 이를 일상생활의 사례에 적용한다.
		(5) 사회생활과 법	[12정법05-01] 형법의 의의와 기능을 죄형 법정주의를 중심으로 이해하고, 범죄의 성립 요건과 형벌의 종류를 탐구한다. [12정법05-02] 형사 절차에서 인권을 보장하는 원칙을 이해하고 이를 실현하기 위한 제도를 탐구한다. [12정법05-03] 법에 의해 보장되는 근로자의 기본적인 권리를 이해하고, 이를 일상생활의 사례에 적용한다.

학교급	학년/ 과목	영역 및 단원	성취 기준
		(6) 국제 관계와 한반도	[12정법06-01] 오늘날의 국제 관계 변화(세계화 등)를 이해하고 국제 사회에서 국제법이 지닌 의의와 한계를 탐구한다. [12정법06-02] 국제 문제(안보, 경제, 환경 등)를 이해하고, 이를 해결하기 위해 국제기구들이 수행하는 역할과 활동을 분석한다. [12정법06-03] 우리나라의 국제 관계를 이해하고, 외교적 관점에서 한반도를 둘러싼 국제 질서를 분석한다.
	국제 계열 전문 교과 I 국제법	(1) 국제법의 성립과 발전	[12국법01-01] 국제 사회의 성립과 국제법의 발전 과정에 대한 이해를 통해 국제법의 개념, 성격, 의의를 파악할 수 있다. [12국법01-02] 국제법의 연원에 대한 이해를 바탕으로 조약, 국제관습법, 법의 일반 원칙을 비교·분석할 수 있다. [12국법01-03] 우리나라에서 국제법과 국내법의 관계를 헌법 조항과 판례를 통해 분석하고, 다른 나라의 사례와 비교할 수 있다.
		(2) 국제법의 주체	[12국법02-01] 국가, 국제기구, 지역 공동체, 개인 등 다양한 국제 사회 주체들의 특성을 비교·분석할 수 있다. [12국법02-02] 국제법의 가장 대표적인 주체인 '국가'의 개념과 성립 요건, 국가 승인 제도 및 국가 승계에 대하여 분석할 수 있다.

학교급	학년/과목	영역 및 단원	성취 기준
			[12국법02-03] 국가 관할권, 국가의 기본적 권리와 의무, 국가 책임 등의 의미와 주요 내용을 비교·분석할 수 있다.
		(3) 국제법의 적용 대상과 기능	[12국법03-01] 국제법이 적용되는 공간으로 국가 영역(영토, 해양, 항공)과 국제 사회 공역(우주, 남극 등)을 이해하고, 각각의 영역에 적용되는 국제법의 주요 내용을 비교·분석할 수 있다. [12국법03-02] 국제법의 대상으로서 개인의 속성을 국적, 외국인의 지위, 범죄인 인도, 난민 보호, 인권 보호의 관점에서 분석할 수 있다. [12국법03-03] 국제 사회의 안전을 보장하기 위한 방안들을 살펴보고 국제 분쟁 해결을 위한 국제 사법 재판소의 역할을 평가할 수 있다. [12국법03-04] 다양한 국제 분쟁 사례와 그 해결 과정을 조사하여, 국제법의 분쟁 해결 기능과 역할을 분석할 수 있다.
		(4) 국제 조약과 외교	[12국법04-01] 조약의 개념과 다양한 국제 조약의 종류를 조사하고, 조약의 체결 과정, 적용과 해석, 무효와 종료에 대해 비교·분석할 수 있다. [12국법04-02] 우리나라의 관점에서 외교의 중요성을 이해하고 우리나라가 가입한 조약에 대해 조사·분석할 수 있다. [12국법04-03] 외교의 필요성과 목적을 이해하고 외교 사절의 유형,

학교급	학년/과목	영역 및 단원	성취 기준
			파견과 접수 방법, 특권과 면제의 종류를 조사할 수 있다.
		(5) 국제법과 국제 조직	[12국법05-01] 국제 사회의 발전 과정에서 등장한 국제법 주체로서의 국제기구와 지역 공동체의 개념을 비교할 수 있다. [12국법05-02] 다양한 국제기구가 담당하고 있는 역할을 정치, 경제, 사회, 인권, 환경 등 다양한 분야의 관점에서 파악하고, 법적 문제와 어떤 관련성을 갖는지 탐구할 수 있다. [12국법05-03] 국제 연합의 설립 배경을 이해하고 주요 기관인 총회, 안전 보장 이사회, 사무국, 국제 사법 재판소의 역할을 조사할 수 있다. [12국법05-04] 국제 연합의 역할이 지니는 한계를 분석하고, 국제 사회의 발전을 위한 국제 연합의 개혁 방안을 제시할 수 있다. [12국법05-05] 우리나라가 가입한 국제기구를 조사하고 우리나라가 수행하고 있는 활동들에 대해 법적 쟁점을 중심으로 평가할 수 있다.

사회과의 법 관련 내용은 정치 영역과 법 생활 영역으로 구분되며 그 내용은 다음과 같다.

정치 영역에서의 법 관련 내용은 민주 정치에서 헌법의 핵심 내용, 인권 보장과 헌법, 헌법에 규정된 기본권과 의무, 기본권 제한 내용, 근로자의 권리, 삼권분립 등 헌법에 규정된 국가 통치 구조와 관련 있다. 즉, 5~6학년군의 사회 '(2) 인권 존중과 정의로운 사회' 단원, 중학교 1~3학년군 사회 '(6) 인권과 헌법', '(7) 헌법과 국가 기관' 단원, 고등학교 공통 과목 통합사회 '(4) 인권 보장과 헌법' 단원, 고등학교 일반 선택 과목 정치와 법 '(1) 민주주의와 헌법' 단원에서 나타난다.

법 생활 영역에서의 법 관련 내용은 법과 일상생활의 관련성에 초점을 두고 있으며 생활법적 법교육의 성격을 갖는다. 초등학교 5~6학년군 사회 '(2) 인권 존중과 정의로운 사회' 단원, 중학교 1~3학년군 사회 '(5) 일상생활과 법' 단원, 고등학교 선택 과목 정치와 법 '(4) 개인 생활과 법', '(5) 사회생활과 법' 단원에서 나타난다.

전문교과Ⅰ 과목인 '국제법' 과목의 내용은 국제법 전문가의 양성이라는 과목의 일차적 목표에 따라 법 지식 중심의 내용으로 구성되어 있다. '국제법의 성립과 발전', '국제법의 주체', '국제법의 적용 대상과 기능', '국제 조약과 외교', '국제법과 국제 조직' 영역에서 나타난 바와 같이 국제법학의 입문 단계의 내용에 가깝다.

3) 방법

2015 개정 사회과 교육과정에서 법교육의 방법은 공통 교육과정 초·중학교 사회과, 선택 중심 교육과정 고등학교 공통 과목 '통합사회', '정치와 법' 과목에서 일반적인 방법으로서 포괄적으로 진술되어 있다. 구체적인 방법은 다음과 같다.

생활 사례 및 문제 중심의 학습을 강조하고 있다. 초등학교 5~6

학년 사회과 교수·학습 방법 및 유의 사항에서 일상에서 경험한 인권 보장이 필요한 사례, 생활 주변에서 인권 보장이나 국민의 의무와 관련된 구체적 사례, 생활 속 인권 사례, 생활 속에서 법 관련 사례, 생활 속 다양한 사례, 민사 사건이나 형사 사건 등 다양한 유형의 사례를 활용하도록 하고 있다.[71] 중학교 사회과 교수·학습 방법 및 유의 사항에서 학생들의 생활 세계와 체험 영역, 구체적인 생활 사례의 활용, 일상생활에서의 모습, 인권 침해 사례, 일상생활의 노동권 침해 사례를 활용토록 하고 있다.[72] 초·중학교 사회의 교수·학습 방법에서 일상생활에서 흔히 접할 수 있는 다양한 문제 및 갈등 사례를 활용하도록 하고 있고[73] 고등학교 '통합사회' 과목 교수·학습 방법 및 유의 사항에서 국내외의 인권 문제의 활용,[74] '정치와 법' 과목의 교수·학습 방법에서 법 생활의 구체적인 경험이나 사례 제시,[75] 구체적인 사례와의 연관, 일상적인 사례 제시 및 구체적인 상황 속에서 접근하도록 하고 있다.[76]

체험 및 활동 중심의 학습을 강조하고 있다. 초등학교 5~6학년 사회과 교수·학습 방법 및 유의 사항에서 인물들(경찰관, 판사, 변호사 등)이 할 수 있는 행동을 시연해 보고 행동의 과정과 결과를 평가하는 역할 놀이 학습을 적용토록 하고 있고,[77] 중학교 사회과 교수·학습 방법 및 유의 사항에서 모의재판, 청소년 법정, 재

71) 교육부, 『사회과 교육과정』(2015 개정, 일부개정 2024), 35-39.
72) 교육부, 『사회과 교육과정』(2015 개정, 일부개정 2024), 82-86.
73) 교육부, 『사회과 교육과정』(2015 개정, 일부개정 2024), 93-94.
74) 교육부, 『사회과 교육과정』(2015 개정, 일부개정 2024), 129-130.
75) 교육부, 『사회과 교육과정』(2015 개정, 일부개정 2024), 231-233.
76) 교육부, 『사회과 교육과정』(2015 개정, 일부개정 2024), 240-241.
77) 교육부, 『사회과 교육과정』(2015 개정, 일부개정 2024), 35-39.

판 방청 등 사법 제도에 대한 간접적 체험 활동 및 국가기관 방문, 인권 침해 상황 모니터링, 캠페인 활동 등 정치적·사회적 참여 기회의 제공을 명시하고 있다.[78] 초·중학교 사회의 교수·학습 방법에서 질문, 조사, 토의·토론, 논술, 관찰 및 면담, 현장 견학과 체험, 초청 강연, 실험, 역할 놀이와 시뮬레이션 게임, 모의재판과 모의 국회, 사회 참여, 사료 학습, 역할 놀이, 제작 학습, 추체험 학습 등의 다양한 학습 방법을 활용하도록 하고 있으며,[79] 고등학교 '통합사회' 과목 교수·학습 방법 및 유의 사항에서 토론 학습, 논술 학습의 활용,[80] '정치와 법' 과목의 교수·학습 방법에서 탐구학습, 토론 학습, 의사 결정 학습, 문제해결학습, 논쟁 문제 수업, 모의재판, 역할 놀이, 신문 활용 교육 등 다양한 방법의 활용과 현장 견학 및 사회 참여 학습, 외부 전문가를 초빙한 강연, 여러 법 서식 등 실생활과 유사한 참여 경험을 풍부하게 제공하도록 안내하고 있다.[81]

학습자 중심의 학습을 강조하고 있다. 초등학교 5~6학년 사회과 교수·학습 방법 및 유의 사항에서 법 관련 사례를 학습에 활용할 때 학생들이 쉽게 이해할 수 있도록 재구성하여 안내하도록 하고 있고,[82] 초·중학교 사회과 교수·학습 방법에서 학생들의 학업 성취 수준, 흥미, 경험, 학습 속도, 사회적 요구 등을 고려하도록 하고 있으며,[83] 고등학교 '통합사회' 과목의 교수·학습 방법에서

78) 교육부, 『사회과 교육과정』(2015 개정, 일부개정 2024), 83-85.
79) 교육부, 『사회과 교육과정』(2015 개정, 일부개정 2024), 93.
80) 교육부, 『사회과 교육과정』(2015 개정, 일부개정 2024), 129-130.
81) 교육부, 『사회과 교육과정』(2015 개정, 일부개정 2024), 241-242.
82) 교육부, 『사회과 교육과정』(2015 개정, 일부개정 2024), 35-39.
83) 교육부, 『사회과 교육과정』(2015 개정, 일부개정 2024), 93.

도 학습자의 학업 성취수준, 흥미, 사회적 요구 등을 고려하여 지도하도록 하고 있다.[84)]

'국제법' 과목에서 제안하는 법교육 방법은 다음과 같다.[85)]

문제 및 사례 중심의 학습을 강조하고 있다. 교수·학습 방법에서 구체적인 사례를 활용하고, 여러 국제 관계와 국제 문제들을 법리적으로 파악하도록 안내하고 있다.

활동 및 체험 중심의 학습을 강조하고 있다. 교수·학습 방법에서 쟁점 사례를 중심으로 적극적인 토론을 권장하고 있고, 국제 분쟁의 해결에 대한 교수·학습에서 모의 유엔, 모의 국제 사법 재판, 모의 국제 조정 및 중재 등의 활동을 안내하고 있다.

학습자 중심의 수업을 강조하고 있다. 자기 주도 학습에 기초한 탐구 활동을 권장하고, 이를 통해 자율적 학습 역량과 탐구 역량이 길러질 수 있도록 하고 있다.

13. 2022 개정 교육과정기(2022~)

1) 개요

2022 개정 교육과정은 미래 사회의 변화에 대응하기 위한 국가·사회적 요구를 교육과정에 반영하며, 학교에서 제기되는 다양한 쟁점에 대한 개선을 목적으로 한다.[86)] 이에 따라 설정된 비전은

84) 교육부, 『사회과 교육과정』(2015 개정, 일부개정 2024), 140.
85) 교육부, 『국제 계열 전문 교과 교육과정』(2015 개정, 일부개정 2024), 27-29.

'포용성과 창의성을 갖춘 주도적인 사람'이다.[87] 이러한 비전에 연계하여 사회과의 역량과 내용을 설정・구성하였다.

사회과에서 변화된 것은 교육과정을 크게 공통 교육과정과 선택 중심 교육과정으로 나누고, 초등학교 및 중학교의 사회과 공통 교육과정에 2개 과목, 고등학교 사회과 선택 중심 교육과정의 공통 과목으로 4개 과목, 일반 선택 과목으로 3개 과목, 진로 선택 과목으로 7개 과목, 융합 선택 과목으로 5개 과목을 편성한 것이다. 법교육과 관련 있는 과목은 '사회', '통합사회2', '법과 사회', '국제 관계의 이해'이다. 법교육을 독립적으로 담당하는 '법과 사회' 과목이 다시 개설되었다.

사회과 교육과정 설계 방향에서 법교육에 해당하는 인권을 적시하고 있다.

> 미래 변화에 대응하는 교육 방향으로 강조한 민주시민 및 생태 전환 교육과 연계하여 사회과의 핵심 아이디어와 내용 요소에 공동체 의식, 평화, **인권**, 문화 다양성 등의 민주시민 관련 내용과 기후 위기 대응, 지속 가능한 발전, 생태 감수성 등의 생태 전환 교육 관련 내용을 반영하여 구성하였다.[88]

사회과의 영역 구분에서 2015 개정 교육과정과 마찬가지로 '법'이 일반사회 관련 영역의 하나로 제시되어 있다.[89] 또한 사회과의 세부 목표에 법이 명시되어 있다.

86) 교육부, 『2022 개정 교육과정 총론 해설 초등학교』, 9.
87) 교육부, 『2022 개정 교육과정 총론 해설 초등학교』, 12.
88) 교육부, 『사회과 교육과정』(2022 개정, 일부개정 2024), 3.
89) 교육부, 『사회과 교육과정』(2022 개정, 일부개정 2024), 4.

(4) 사회생활에 관한 기본적 지식과 정치 · 법 · 경제 · 사회 · 문화 현상에 대한 기본적인 원리를 종합적으로 이해하고, 현대 사회의 성격 및 민주적 사회생활을 위하여 해결해야 할 여러 문제를 파악한다.[90]

'법과 사회' 과목은 진로 선택 과목으로서 법교육을 직접 담당하며, 2015 개정 교육과정의 '정치와 법' 과목에서 정치 영역과 분리되어 독립 과목이 되었다.

그 외에 범교과 학습 주제 교육[91]인 민주 시민 교육과 인권 교육에서 법교육 관련 내용이 나타나고 있다.

민주 시민 교육은 건전한 사회를 위해 청렴 · 반부패 문화를 형성하고, 헌법의 정신 및 법질서를 존중하도록 하며, 생산 활동에 참여하고 있는 근로자의 권리와 의무 등에 대한 교육에 중점을 두도록 하였다.[92]

인권 교육은 아동 및 청소년이 존중받으며 살아갈 수 있게 하고, 장애인이 차별받지 않도록 하였으며, 양성평등, 노동 인권 존중 등에 대한 학습을 통해 인간의 존엄성과 권리를 존중하고, 각종 폭력을 예방하도록 하였다.[93]

---

90) 교육부, 『사회과 교육과정』(2022 개정, 일부개정 2024), 7.
91) 범교과 학습 주제는 교과와 창의적 체험활동 등 교육 활동 전반에 걸쳐 통합적으로 다루도록 하고, 지역사회 및 가정과 연계하여 지도한다. 범교과 학습 주제 교육은 총 10개 주제로 범주화되어 있다.
92) 교육부, 『2022 개정 교육과정 총론 해설 초등학교』, 73.
93) 교육부, 『2022 개정 교육과정 총론 해설 초등학교』, 73.

2) 내용

2022 개정 교육과정 시기 법교육은 초등학교 5~6학년군, 중학교 1~3학년군, 고등학교 통합 사회2, 법과 사회 과목에서 찾아 볼 수 있다. 초·중·고등학교 사회과 교육과정에 나타난 법 관련 내용은 다음과 같다.

〈표 Ⅶ-14〉 2022 개정 교육과정 사회과의 법 관련 내용

학교급	학년/과목	영역	성취 기준
초등학교	공통 교육과정 사회 5~6 학년	(3) 법과 인권의 보장	[6사03-01] 일상 사례에서 법의 의미와 역할을 이해하고, 헌법에 규정된 인권이 일상생활에서 구현되는 사례를 조사하여 인권 친화적 태도를 기른다. [6사03-02] 일상생활에서 인권이 침해되는 사례를 찾아 그 해결 방안을 탐색하고, 인권을 보호하는 활동에 참여한다.
		(8) 민주주의와 시민 참여	[6사08-02] 민주 국가에서 국회, 행정부, 법원이 하는 일에 대해 이해하고, 각 국가기관의 권력을 분립하는 이유를 탐색한다.
중학교	사회 1~3 학년	(5) 일상생활과 법	[9사(일사)05-01] 법의 의미와 특징을 설명하고, 일상생활에서 접하는 법의 사례를 통해 법의 목적을 도출한다. [9사(일사)05-02] 우리의 일상을 규율하는 다양한 법을 탐색하고, 국내외 사례를 통해 사회법이 필요한 이유에 대해 토의한다.

학교급	학년/과목	영역	성취 기준
			[9사(일사)05-03] 재판의 의미와 종류를 설명하고, 공정한 재판의 중요성에 대해 토의한다.
		(6) 인권과 기본권	[9사(일사)06-01] 일상생활에서 인권이 침해되는 사례를 조사하고, 우리 헌법에 보장된 기본권의 종류를 탐색한다. [9사(일사)06-02] 기본권 제한의 요건과 한계가 헌법에 명시된 이유를 토의하고, 기본권 침해 시 구제 방법을 조사한다. [9사(일사)06-03] 근로자에게 보장되는 권리를 조사하고, 이러한 권리의 침해에 대처하는 국가와 시민의 노력에 대해 토의한다.
		(7) 헌법과 국가기관	[9사(일사)07-01] 우리나라의 정부 형태를 설명하고, 대통령과 행정부의 역할을 탐색한다. [9사(일사)07-02] 국회에서 법률이 만들어지는 사례를 탐색하고, 입법기관으로서 국회의 역할을 조사한다. [9사(일사)07-03] 사법기관으로서 법원의 역할을 검토하고, 헌법재판소의 성격에 대해 토의한다.
고등학교	선택 중심 교육과정 통합사회2	(1) 인권보장과 헌법	[10통사2-01-01] 근대 시민 혁명 등을 통해 확립되어 온 인권의 의미와 변화 양상을 이해하고, 현대 사회에서 주거, 안전, 환경, 문화 등 다양한 영역으로 인권이 확장되고 있는 사례를 조사한다. [10통사2-01-02] 인간 존엄성 실현과 인권 보장을 위한 헌법의 역할을 파

학교급	학년/과목	영역	성취 기준
			악하고, 시민의 권익을 보호하기 위한 다양한 시민 참여의 방안을 탐구하고 이를 실천한다. [10통사2-01-03] 사회적 소수자 차별, 청소년의 노동권 등 국내 인권 문제와 인권지수를 통해 확인할 수 있는 세계 인권 문제의 양상을 조사하고, 이에 대한 해결 방안을 모색한다.
	선택중심교육과정 법과 사회	(1) 개인 생활과 법	[12법사01-01] 가족관계와 관련된 기본적인 내용인 혼인, 출생, 상속 등을 이해하고, 이를 일상생활의 사례에 적용한다. [12법사01-02] 채권 관계와 관련된 기본적인 내용인 계약, 불법행위 등과 사적 자치를 이해하고, 이를 일상생활의 사례에 적용한다. [12법사01-03] 물권 관계와 관련된 기본적인 내용인 부동산·동산에 관한 권리의 기능과 특징, 권리와 의무로 구성되는 법(률)관계를 이해하고, 이를 일상생활의 사례에 적용하여 법적 문제를 해결한다.
		(2) 국가 생활과 법	[12법사02-01] 민주주의와 법치주의의 발전 과정을 이해하고, 우리나라 권력 분립의 원리를 탐구한다. [12법사02-02] 우리나라 헌법의 기본원리와 기본권 내용을 이해하고, 기본권 제한의 요건과 한계를 탐구한다. [12법사02-03] 형법의 의의와 기능을 죄형 법정주의를 중심으로 이해하고, 범죄의 성립 요건과 형벌의 종류, 형사 절차를 탐구한다.

학교급	학년/ 과목	영역	성취 기준
			[12법사02-04] 법원과 헌법재판소의 법적 문제 해결 과정을 탐구하고, 사법의 의미와 한계를 인식하여 입법론적 해결이 필요한 경우를 탐구한다.
		(3) 사회생활과 법	[12법사03-01] 법으로 보장되는 근로자의 권리를 이해하고, 이를 일상생활의 사례에 적용한다. [12법사03-02] 인간다운 생활을 보장하려는 사회보장과 경쟁 및 소비자를 보호하기 위한 법적 근거를 탐구하고, 구체적인 사례에서 공공 쟁점을 찾아 토론한다. [12법사03-03] 현대적 법(률)관계의 특징과 지적 재산권의 의미를 이해하고, 이와 관련된 일상생활에서의 사례를 찾아보고 관련 쟁점을 토론한다.
		(4) 학교생활과 법	[12법사04-01] 학생과 청소년이 누릴 수 있는 권리와 의무를 이해하고, 이를 학교와 일상생활의 사례에 적용한다. [12법사04-02] 학교폭력의 해결 과정을 살펴보며, 학교생활에서 발생하였거나 발생할 수 있는 법적 문제를 발견하고 그 해결 방안을 탐구한다. [12법사04-03] 법적 문제를 해결하는 데 필요한 법, 조약, 판례, 입법자료 등을 찾아보고, 민주시민으로서 나와 사회가 당면한 사회적 논의에 참여하는 태도를 가진다.
	선택 중심	(4) 국제 분쟁의 해결	[12국관04-01] 국제 분쟁을 해결하기 위한 외교와 국제법의 필요성과 기

학교급	학년/ 과목	영역	성취 기준
	교육 과정 국제 관계의 이해		능을 탐색한다. [12국관04-02] 국제법의 특징과 법원(法源)을 조사하고, 국제 사법 재판소의 역할과 한계를 파악한다. [12국관04-03] 국제 사회에서 다양한 지역 통합이 이루어지는 현상과 그 이유를 확인하고, 지역 기구의 구성원으로서 우리나라의 역할을 토론한다.

사회과의 법 관련 내용은 정치 영역과 법 생활 영역으로 구분할 수 있으며, 그 내용은 다음과 같다.

정치 영역에서의 법 관련 내용은 민주정치에서 삼권분립, 헌법에 보장된 기본권, 기본권 제한 요건과 한계, 근로자의 권리, 인권 보장과 헌법 등 헌법에 규정된 국가 통치 구조이다. 즉, 5~6학년군의 사회 '(8) 민주주의와 시민 참여' 단원, 중학교 1~3학년군 사회 '(6) 인권과 기본권', '(7) 헌법과 국가기관' 단원, 고등학교 통합사회2 '(4) 인권 보장과 헌법' 단원에서 나타난다.

법 생활 영역에서의 법 관련 내용은 법과 일상생활의 관련성에 초점을 두고 접근하는 것으로 생활법적 법교육의 성격을 띠는 내용이다. 초등학교 5~6학년군 사회 '(3) 법과 인권의 보장' 단원, 중학교 사회 '(5) 일상생활과 법', '(6) 인권과 기본권' 단원에서 나타난다.

법교육을 직접 담당하는 '법과 사회' 과목의 내용은 다음과 같다.

생활법 중심의 내용을 지향하고 있다. 개인생활과 법, 국가 생활과 법, 사회생활과 법, 학교생활과 법 등과 같은 단원명과 성취 기준에서 법과 일상생활의 관련성을 명시하고 있다. '학교생활과 법' 단원은 학생들의 생활과 관련성이 더욱 밀접하다.

법 지식 중심의 내용으로 구성되어 있다. '개인생활과 법' 단원에서 채권 및 물권 관계 내용, '국가 생활과 법' 단원에서 헌법의 기본 원리, 기본권 제한 요건, 형벌의 종류, 형사 절차 등은 법학의 입문 단계 내용에 가깝다.

'국제관계의 이해' 과목의 내용은 법 지식 중심의 내용으로 구성되어 있다. '외교와 국제법의 필요성과 기능', '국제법의 특징과 법원(法源)' 등의 성취 기준에서는 국제법을 소개하는 내용으로 되어 있다.

3) 방법

2022 개정 사회과 교육과정에서 법교육의 방법은 공통 교육과정 초・중학교 사회과, 선택 중심 교육과정 고등학교 '통합사회2', '국제 관계의 이해' 과목에서 일반적인 방법으로서 포괄적으로 진술되어 있다. 구체적인 방법은 다음과 같다.

생활 사례 및 문제 중심의 학습을 제안하고 있다. 초등학교 5~6학년 사회과 성취 기준 적용 시 고려 사항에서 일상 사례, 실제 생활에서 보장되는 인권의 사례, 인권 침해 사례의 제시를 권고하고 있고,[94] 중학교 1~3학년 성취 기준 적용 시 고려 사항에서 일상

94) 교육부, 『사회과 교육과정』(2022 개정, 일부개정 2024), 30-31.

생활에서 경험할 수 있는 법의 사례, 일상생활이나 미디어에서 접한 재판의 사례, 일상생활 속 인권 침해 사례, 기본권 침해 사례의 도입을 안내하고 있으며,[95] 초등학교와 중학교 사회과 교수・학습 방법은 쟁점이나 문제 상황, 가치 갈등 상황, 인권 침해 사례 등 다양한 상황이나 사례를 제시 활용하게 하고 있다.[96] 고등학교 통합사회2 성취 기준 적용시 고려 사항에서 인권 문제 관련 사례의 조사하고,[97] 교수・학습 방법은 실생활과 관련된 문제를 파악하고 스스로 해결해 나가는 경험을 하게 하고 있다.[98] 고등학교 '국제 관계의 이해' 과목의 교수・학습 방법은 학생들의 일상생활 경험이나 시의성 있는 사건 사례를 도입하게 하고 있다.[99]

체험 및 활동 중심의 학습을 제안하고 있다. 초등학교와 중학교 사회과 교수・학습 방법은 학습 내용에 따라 질문, 조사, 토의・토론, 논술, 관찰 및 면담, 현장 견학과 체험, 초청 강연, 실험, 역할놀이와 시뮬레이션 게임, 모의재판과 모의국회, 사회 참여 활동, 사료 학습, 제작 학습, 추체험 학습, 야외답사 등을 적절하게 활용하게 하고,[100] 고등학교 '통합사회2' 과목 교수・학습 방법은 탐구 학습, 현장 답사와 체험 학습, 사례 조사 학습, 시뮬레이션 학습, 토론과 토의 학습, 프로젝트 학습 등을 활용하게 하고 있다.[101]

학습자 중심의 학습을 권장하고 있다. 초등학교와 중학교 사회

---

95) 교육부, 『사회과 교육과정』(2022 개정, 일부개정 2024), 59-61.
96) 교육부, 『사회과 교육과정』(2022 개정, 일부개정 2024), 69.
97) 교육부, 『사회과 교육과정』(2022 개정, 일부개정 2024), 117.
98) 교육부, 『사회과 교육과정』(2022 개정, 일부개정 2024), 123.
99) 교육부, 『사회과 교육과정』(2022 개정, 일부개정 2024), 248.
100) 교육부, 『사회과 교육과정』(2022 개정, 일부개정 2024), 69.
101) 교육부, 『사회과 교육과정』(2022 개정, 일부개정 2024), 123.

과 교수·학습 방법은 학습자의 유형, 성취수준, 학습 속도, 흥미, 경험, 요구 등을 고려하고,[102] 고등학교 '통합사회2' 과목의 교수·학습 방법은 학생 스스로 탐구할 주제를 선정하거나 토의할 질문을 결정하게 하며, 학습자 주도적 학습 강화의 방안을 고려하게 하고 있다.[103] 또한 고등학교 '국제 관계의 이해' 과목의 교수·학습 방법은 국제 관계에 대한 자기주도적 학습을 위해 학생 스스로 자료를 수집·분석하게 하고 있다.[104]

'법과 사회' 과목에서 제시하고 있는 법교육 방법은 다음과 같다.

문제 및 사례 중심의 학습을 강조하고 있다. 교수·학습 방법은 학생들이 민주시민으로서 사회문제에서 법과 관련된 문제를 파악하고,[105] 일상생활의 사례를 접할 수 있도록 방송 및 신문 자료, 헌법재판소 판례, 법원 판례, 인터넷 자료 및 영화, 드라마, 통계 자료 등을 활용하고 있다.[106]

활동 및 체험 중심의 학습을 강조하고 있다. 교수·학습 방법은 법에 대한 교육 목표를 실현하기 위하여 탐구학습, 토의·토론 학습, 논쟁 문제 수업, 의사 결정 학습, 문제해결학습, 모의재판, 입법 교육, 법률 서식 작성하기, 역할 놀이, 신문 활용 교육 등 다양한 방법을 활용하며, 법 관련 기관 및 지역사회와 연계한 현장 견학 및 사회 참여 학습, 외부 전문가를 초빙한 강연, 법률 서식 작성 등 일상생활에서의 참여할 수 있는 경험을 풍부하게 할 것을 권장

102) 교육부, 『사회과 교육과정』(2022 개정, 일부개정 2024), 69.
103) 교육부, 『사회과 교육과정』(2022 개정, 일부개정 2024), 123.
104) 교육부, 『사회과 교육과정』(2022 개정, 일부개정 2024), 248.
105) 교육부, 『사회과 교육과정』(2022 개정, 일부개정 2024), 228.
106) 교육부, 『사회과 교육과정』(2022 개정, 일부개정 2024), 229.

하고 있다.[107]

학습자 중심의 수업을 강조하고 있다. 수업 이외에도 디지털 인프라 및 원격수업 도구를 활용하여 자기주도적 학습을 할 수 있도록 하고, 학생별 학습 수준에 맞추어 다음 단계의 학습 과정을 제시하도록 한다.[108]

한국의 교육과정 변천에 나타난 법교육의 모습은 다음과 같다.

1945년부터 1960년대(긴급조치기~제1차 교육과정기)는 법교육의 도입기였으며 그 방법은 가치 중심의 접근이었다. 독립된 교과로서가 아니라 사회과 내 일부 주제로만 다루어졌으며 법의 개념보다는 민족, 해방, 독립 등 정치적 가치와 혼재된 설명 및 전수에 치중하였다고 볼 수 있다.

1970년대(제2차~제3차 교육과정기)에는 법교육의 체계화를 위한 노력과 생활 중심의 접근을 추구하기 시작하였다. 법교육은 크게 정치 영역(헌법 및 통치 구조)과 생활 영역(법과 생활)의 접근으로 구분되기 시작하였고 3차 교육과정기인 고등학교 '정치・경제' 과목에서는 법 영역이 독립된 항목으로 등장하였다. 이 시기부터 교수법이 다양하게 제시되었다. 법교육의 체계화로 나아가는 초기 단계였다고 볼 수 있다.

1980~1990년대(제4차~제6차 교육과정기)에는 생활법 중심의 접근과 체험 학습이 확산되었다. 법과 생활의 연계를 강조하였으며 사례연구, 모의재판, 지역 사회 자원 활용 등 체험 중심 학습이

107) 교육부, 『사회과 교육과정』(2022 개정, 일부개정 2024), 229.
108) 교육부, 『사회과 교육과정』(2022 개정, 일부개정 2024), 228-229.

강조되었으며, 제6차 교육과정기에는 국제법이 법 영역의 내용으로 처음 포함되었다.

1997~2015년(제7차~2015 개정 교육과정기)에는 법교육의 독립성 및 전문성이 강화되기 시작하였다. 제7차 교육과정에서 '법과 사회' 과목이 신설됨으로써 정치교육으로부터 법교육이 독립된 영역을 확보하였다. 그러나 이후 교육과정에서 '법과 정치', '정치와 법' 과목으로 통합되면서 사회 교과에서 법 영역과 정치 영역의 관계 설정에 어려움을 겪었던 시기이기도 하였다.

2022 개정 교육과정에서는 역량 중심 및 학습자 중심의 법교육을 지향하고 있다. 초·중등 사회과에서는 정치 영역과 생활 영역의 구분을 유지하고, '법과 사회' 과목에서는 법과 일상생활을 연결하는 학생들의 생활 밀착형 단원인 '학교생활과 법'을 신설하여, 전체적으로 학습자 중심의 접근인 문제·사례 및 체험 중심의 법교육을 지향하고 있다.

한국의 법교육은 사회과 교육과정의 변천 과정에서 점진적으로 체계화되었으며, 독립성과 전문성도 점차 확대되어 왔다. 교수·학습 방법 역시 설명이나 전수로부터 학습자의 참여와 체험을 기반으로 한 학습자 중심의 학습으로 발전해 왔다. 이는 미국 법교육이 법교육의 확대 및 제도화를 지향해 오고, 능동적 참여 학습(active learning)[109)]을 강조하고 있는 것과 크게 다르지 않다.

109) American Bar Association, *Essentials of Law-Related Education*, 2.

CHAPTER VIII

법교육의 방법

법교육의 목표, 내용이 확정되면 이에 근거해서 법교육의 방법을 모색하게 된다. 법교육의 방법은 교사의 수만큼이나 많아서 이를 모두 체계화하여 기술하는 것은 어렵다. 여기서는 법교육을 효과적으로 실천하기 위하여 활용 가능한 학습 자원과 조건을 먼저 확인하고, 다양한 법교육 방법이나 기법 중 대표적인 것들을 살펴보도록 한다.

1. 법교육의 학습 자원

법교육을 위한 학습 자원(resources)은 매우 다양하다. 법교육 교실에서는 여러 학습 자원으로부터 학습의 소재를 가지고 와야 한다. 법교육에서 활용 가능한 학습 자원을 확인하기 위해, 법교육의 교육과정 표준안인 법교육과정(Essentials of Law-Related Education)을 중심으로 살펴보면 다음과 같다.

인쇄물자원을 들 수 있다.

법교육과정 표준안에서는 학습의 소재로서 주요 개념들을 제시하고 이러한 개념들을 가져 오기 위한 필수 문헌으로 미국 헌법과 권리장전, 미국 독립선언서, 연방주의자 논집, 획기적인 미국 대법원 판례 등을 들고 있다.[1] 그 외에도 법교육에서 활용 가능한 인쇄물자원에는 각종 법률, 판례 등이 있으며, 법과 관련되는 문서들 모두 여기에 해당된다.

인적자원을 들 수 있다.

법교육에서 지역사회의 변호사, 법 집행 전문가, 판사, 학자 등과 같은 법교육 전문가를 수업을 위한 인적자원으로 활용하는 것은 학생들의 요구를 충족하는 필수적인 수단이다.[2] 그 외에도 경찰관, 법무사, 소방관, 법학전문대학원 학생, 지방의회 의원, 범죄분석관(profiler) 등 법조 관련자 모두 여기에 해당한다.

장소자원을 들 수 있다.

학교는 청소년에게 법교육을 위한 기본적이며 이상적인 장소가 된다. 그러나, 법교육은 학교에서만 가능한 것은 아니다. 지역사회의 모든 부분이 법교육을 진작시키고 강화할 수 있다.[3] 지역사회에 소재하는 경찰서, 법원, 검찰청, 교정시설 등 법 관련 시설이나 장소들 모두 여기에 해당한다.

정보화자원을 들 수 있다.

미디어, 특히 텔레비전은 또 다른 훌륭한 법교육의 수단이 될

1) American Bar Association, *Essentials of Law-Related Education*, 6-8.
2) American Bar Association, *Essentials of Law-Related Education*, 4.
3) American Bar Association, *Essentials of Law-Related Education*, 5.

수 있다. 미디어는 시민들의 관심을 중요한 법률 관련 문제에 집중시키고 이에 대한 중요한 정보를 제공할 수 있도록 잘 갖춰져 있기 때문이다.[4] 그 외에도 컴퓨터, 노트북, 태블릿, 스마트폰, 다양한 시청각 기자재 등을 이용한 AI 및 인터넷의 활용도 여기에 해당한다.

2. 법교육을 위한 효과적인 학습 조건

법교육지원법의 제정만으로 법교육이 완전히 정착되기 어렵다. 무엇보다도 법교육이 학생들에게 효과적이라는 인식이 확산되어야 활성화와 성공적인 정착을 기대할 수 있다. 법교육을 일찍이 정착시켜 온 미국의 경우, 효과적인 법교육의 조건들을 제시해 오고 있다. 대략 다음 세 가지 문헌에서 찾아 볼 수 있다.

1) 법교육 평가 프로젝트(National LRE Evaluation Project 1984)

법교육 평가 프로젝트는 효과적인 법교육의 조건에 대해 가장 널리 알려져 있는 것으로, 미국 법무부 국가청소년비행예방연구소 지원으로 사회과학교육컨소시엄과 행동연구센터가 주관하였으며, 미국변호사협회, 헌법권리재단, 자유사회의 법, 미국 시민 법교육 연구소, 파이 알파 델타 공공 서비스 센터 등 5개 기관이

4) American Bar Association, *Essentials of Law-Related Education,* 5.

참여하였다. 3년간 진행된 법교육 평가 프로젝트는 1981년에 시작하여 1984년에 그 결과를 발표하였으며, 법교육의 철저한 실천을 위해서는 다음의 요소가 필요하다고 하였다.[5)]

- 외부 인적자원의 적절한 준비와 활용
- 양적, 질적으로 적절한 수업
- 실증적 사례 자료의 선정과 제시
- 학생의 적극적인 참여와 상호작용
- 교사를 위한 전문적인 동료의 지원
- 학교 관리자의 참여

2) 초 · 중등학교 법교육(LRE in Elementary and Secondary Schools ERIC Digest 1988)

미국 교육부가 지원하는 교육문헌정보센터(Educational Resource Imformation Center:ERIC)에서 특정 주제에 대한 정보의 개요와 상세 정보를 제공하고 있는 에릭 다이제스트(ERIC Digest)는 현장의 전문가와 교육 내용 전문가의 검토를 거쳐 발표되는 것으로, 1988년 6월호에서 헌법권리재단 시카고 사무국장인 캐롤린 페레이라(Carolyn Pereira)는 법교육이 효율적인 프로그램이 되기 위해서는 최소한 다음의 5가지 특성을 갖추어야 함을 지적하고 있다.[6)]

---

5) Social Science Education Consortium, *Law-Related Education Evaluation Project, Final Report. Phase II, Year 3* (Washington, D. C.: National Institute for Juvenile Justice and Delinquency Prevention, 1984), ED256636, 63-72.
6) Pereira, *Law-Related Education*, 4-5.

- 학생들 간의 폭넓은 상호작용
- 쟁점을 균형있게 반영한 사실적인 내용
- 교실 밖의 외부 인적자원의 활용
- 교장 및 다른 학교 관리자들의 강력한 지원
- 법교육 담당자 체계적 육성

3) 법교육과정(Essentials of LRE, 1995)

미국변호사협회 청소년 시민성교육 특별위원회의 1992년 법교육 리더십 세미나에서 국가 수준에서 모든 교과목의 교육과정 표준화가 공식화되었기 때문에 법교육과정 개발도 공론화되었다. 1995년 발표된 법교육과정은 미국변호사협회 청소년 시민성교육 특별위원회와 자문위원회 및 신시내티대학교 데이비드 네일러(David Naylor)가 이끄는 교사교육위원회의 도움으로 만들어 졌으며 법교육 담당자 및 정책 입안자를 위한 법교육 가이드이다. 법교육과정에서 효과적인 법교육 수업을 위한 필수 조건을 다음과 같이 제시하고 있다.[7)]

- 지역사회 인적자원의 만남과 활용
- 본보기가 되는 수업자료 접하고 활용하기
- 학생 중심의 교실
- 학습에 도움이 되는 학교/교실 분위기
- 논쟁 문제와 갈등을 효율적으로 다루는 훈련된 교사와 그 외 학교 인사
- 문제 지향적인 수업 접근

7) American Bar Association, *Essentials of Law-Related Education*, 9.

• 학교 행정 담당자와 지역사회의 지원
• 배움의 실천 기회의 제공
• 교실 밖 학습 기회의 제공
• 학부모의 학교에 대한 헌신
• 발달 수준에 적절한 수업

이상을 종합하여 효과적인 법교육 교수·학습을 위한 조건을 정리하면 다음과 같다.

법교육에서 학습의 소재는 실제 사례, 쟁점, 문제 등이 포함되어야 한다. 이러한 소재들은 학생들로 하여금 다양한 의견을 표명하도록 할 수 있고, 상충되는 아이디어를 자유롭게 토론할 수 있도록 이끌어 주며, 동시에 다양한 사람들이 하나의 사안에 대해 정당하고 합리적으로 서로 다른 의견과 관점을 가질 수 있다는 인식을 할 수 있게 하기 때문이다.

법교육의 방법으로 다음의 여섯 가지가 요구된다. 첫째, 외부 인적자원의 활용이다. 여기서 외부 인적자원이란 경찰관, 판사, 변호사, 검사, 의회 의원 등과 같은 법조인이나 법과 관련되는 사람들을 말하며, 이들은 법에 관한 전문성을 갖추고 있거나 이들의 활용을 통하여 법에 대한 학생들의 관심을 고조시켜서 법과 관련된 사람 및 기관에 대하여 긍정적인 반응, 나아가 비행 예방에도 기여할 수 있다. 둘째, 학생들의 상호작용을 보장하는 것이다. 토론, 분석 및 논쟁에의 참여를 자연스럽게 유도하는 사례연구법, 소집단 활동, 모의재판 등과 같은 하는 방법을 활용함으로써 학생들이 학습 과정에 적극적으로 참여하도록 장려해야 한다. 셋째,

지역사회 및 학교 밖 활동에 학생들의 참여이다. 학교 내에서 머물던 활동을 지역사회나 학교 밖으로 활동을 확장함으로써 새롭고 흥미로운 체험을 하는 것은 학생들의 열정을 쏟아내게 하고 학생들 간의 상호작용을 개선하는데 유용성을 갖는다. 넷째, 법교육의 학습에 충분한 시간을 확보하는 것이다. 법교육의 목적을 달성하기 위해서는 일회성이고 단편적인 접근이 아니라 계획적이어야 하며 이를 위한 충분한 시간을 확보하여야 한다. 다섯째, 질 높은 수업을 보장하는 것이다. 일반적인 좋은 수업의 조건인 교육의 목적 달성 외에 교사와 학교에 대한 학생들의 행동과 태도의 개선으로까지 나아가야 한다. 여섯째, 발달 수준을 고려해야 한다. 예컨대 학생들에게 법이라는 딱딱한 소재를 직접 대면시키는 것보다, 법과 관련된 이야기, 문제, 사례, 판례 등을 학생들의 눈높이와 흥미 등 발달 수준을 고려하여 선정하고 접근해야 한다.

3. 법교육을 위한 교수・학습 방법

법교육을 위해 도입되는 교수・학습 방법은 교사의 수만큼 많을 수 있고, 다양한 기준에 따라 분류될 수 있으며, 대부분의 사회과 교육 방법들이 활용될 수 있다. 여기서는 법교육에서 많이 활용되고 있는 사례연구법, 모의재판, 자원인사초빙학습, 논쟁문제 다루기 등을 살펴보도록 한다.

1) 사례연구법(Case Study Method)

사례연구법이란 학생들이 실제 또는 가상의 법적 사건(case)을 상세하게 분석하고, 해당 사건에 적용되는 법 원칙과 논리를 파악하며, 다양한 관점에서 토론하고 결론을 도출하는 교수법이다. 법교육에서는 주로 실제 판례 혹은 가상의 사례를 활용하여 학습자가 법적 개념, 권리와 책임, 법의 역할을 탐구하게 된다. 사례연구법은 학습자가 법을 단순히 암기하는 것이 아니라, 실제 상황에 법을 적용하고 그 과정에서 논리적·윤리적으로서 사고할 수 있도록 하는 데 중점을 둔다.

사례연구법은 하버드 법학전문대학원(Harvard Law School)에서 1970년대 크리스토퍼 랭델(Christopher Landell) 교수가 최초로 도입하였으며 그는 판례(case law)를 중심으로 법을 가르쳐야 한다고 주장하며 전통적인 강의식 교육을 탈피하고자 하였다. 학교에서 사례연구법에 주목한 것은 미국 법교육의 태동기를 이끈 이시도르 스타(Starr) 교수의 개인적인 차원에서 헌신과 노력에 힘입었고, 1960년대 들어 법교육에서 교수 기법으로서 사례연구법의 중요성이 확립되었다. 법교육이 기존의 사회과 시민성교육에 비해 획기적인 것은 수업방법의 쇄신이었으며 그 중심에 사례연구법이 있었다. 많은 법교육 프로젝트도 교실에서의 사례연구법의 활용을 강조하였고 이것은 교수론적 효율성에 바탕을 둔 것이었다.[8)]

사례연구법의 교수 원리는 다음과 같다.

---

8) 박용조, "사회과 교과서의 판례 활용 유형 연구-미국 법교육을 중심으로," 『법과인권교육연구』, 제10 제3호 (2017): 128.

첫째, 법적 문제 상황을 도입한다. 사례에 내재해 있는 실제 법적 상황이나 유사한 문제 상황에 학습자가 몰입하도록 한다.

둘째, 학습자의 참여를 바탕으로 한다. 토론, 역할극, 모의재판 등은 학생들의 능동적 참여를 유도한다.

셋째, 비판적 사고의 촉진을 도모한다. 학생들이 다양한 관점에서 사건을 분석하고 법적·윤리적 딜레마를 경험하도록 한다.

넷째, 법의 기본 개념과 원리의 학습을 추구한다. 학생들이 사례를 통하여 헌법, 법률, 판례 등 법의 기본 구조와 기능을 자연스럽게 학습하도록 한다.

다섯째, 시민적 자질의 함양을 지향한다. 학생들이 사례연구법을 통하여 권리와 책임에 대한 인식을 하게 함으로써 민주 시민으로서의 역량을 키우려는 것이다.

사례연구법의 교수·학습 과정은 다음과 같다.

사례연구법의 교수·학습 과정에서 필수적인 요소로 사실(Facts), 쟁점(Issues)을 제시한 경우,[9] 여기에 주장(Arguments), 결정(Decisions)을 부가하여 제시한 경우,[10] 이상의 네 가지 요소를 포함하면서 사실 확인하기, 사건에 포함된 헌법이나 법적인 질문 밝히기, 질문의 양 측면을 위한 주장을 만들기, 법원 결정과 결정의 근거 요약하기, 반대 의견 있으면 근거 요약하기, 법원의 결정을

9) Barbara K. Repa and Charlotte C. Anderson, “Teaching About the Supreme Court,” *Social Education* (January 1985): 74.

10) Maureen McDonnell, “Making a Case for the Case Study Method,” *Social Education* 66, no. 1 (2002): 68-69.; Isidore Starr, “The Case for the Case Study Approach,” *Update on Law-Related Education* 1, no. 2 (Fall 1977): 11-15.

평가하기 등으로 제시한 경우도 있다.[11] 여기서 '법원 결정과 결정의 근거 요약하기'와 '반대 의견 근거 요약하기' 모두 '결정' 영역에 포함되는 내용이라고 보면 사례연구법의 구성 요소를 반영하는 교수·학습 과정은 크게 보아 다음과 같다.

① 사실 확인 ② 쟁점 파악 ③ 주장 및 논의 ④ 결정과 이유 확인 ⑤ 결정의 평가

① **사실 확인**: 학생들은 사례에 내재해 있는 사실을 파악한다. 사례 연구를 진행하기 위해서는 학생들이 기본적인 법률 지식을 갖추고, 사례에 포함된 사건의 사실을 해석하고, 명확하게 이해하는 것이 필수적이다. 여기서 사실은 사건에 대한 모든 분석의 기초를 제공하기 때문이다.[12]

이 과정에서 교사의 기본 발문은 '이 사건에서 무슨 일이 일어났는가?'이다. 그리고 사실 확인을 위하여 다음과 같은 질문들이 필요하다.

- 이 사건의 당사자는 누구인가?
- 이 사건에서 무슨 일이 일어났는가?
- 이 사건이 법정으로 가게 된 이유는 무엇인가?
- 이 사건에서 법적으로 중요하거나 중요하지 않은 사실은 무

11) *Hatton W. Sumners Supreme Court Case Book: First Amendment Resources* (Austin, TX: State Bar of Texas, developed 1995, revised 2013), 66-67.

12) McDonnell, "Making a Case," 68-69.

엇인가?

- 하급 법원의 판결이 있을 때, 하급 법원은 이 사건에 대해 어떻게 판결했는가?
- 누락된 사실이 있는가?

② **쟁점 파악**: 학생들이 사건에서 법원이 다루어야 하는 법 또는 헌법적 쟁점을 이해하는 것이 중요하다. 이를 통하여 법원의 결정이 갖는 의미를 알게 되기 때문이다.

쟁점 파악을 위해서 다음과 같은 질문이 유용하다.[13)]

- 행위자는 누구였습니까?
- 대상자는 누구였습니까?
- 논란을 일으킨 조치는 무엇입니까?
- 조치와 관련되는 헌법/법률은 무엇입니까?

예를 들어, 팅커 대 디모인(Tinker v. Des Moines Independent Community School District) 사건에서 학생들이 베트남 전쟁에 대한 미국의 국가 개입에 항의하기 위해 검은색 완장을 학교에서 착용한 사건의 경우, 학생의 대답은 다음과 같다.

- 행위자: 디모인 독립교육구
- 대상자: 팅커와 학생들
- 조치: 완장을 착용했다는 이유로 학교에서 정학 처분
- 관련되는 헌법/법률: 수정 헌법 제1조 표현의 자유 조항

13) The Juvenile Justice Steering Committee, *Law-Related Education*, 88.

학생들은 위의 질문에 답한 후, 법원이 사건에서 다루어야 할 쟁점을 확인하고 제시하도록 한다. 여기에는 행위자, 대상자, 조치, 관련 헌법 또는 법률 등 주요한 구성 요소가 포함된다. 예를 들어, 팅커에서 대법원의 헌법적 문제는 다음과 같다. "디모인 독립교육구(행위자)가 팅커와 학생들(조치 대상자)이 검은색 완장을 착용했다는 이유로 학교에서 정학을 시켰을 때(조치) 수정 헌법 제1조의 표현의 자유(관련되는 헌법)를 위반했는가?"

③ **주장 및 논의**: 학생들은 이 사건에서 양측이 활용할 수 있는 법적 및 정책적 주장을 파악한다. 당사자들의 주장을 이해하는 것은 사건을 이해하는 데 매우 중요하다. 학생들은 사건 자료에서 주장을 발췌하거나 팀을 이루어 주장을 확정할 수 있다. 이 시점에서 학생들은 모의 법정을 준비하여 동료들 앞에서 자신의 주장을 주장할 수 있다. 학생들에게 반 친구들에게 발표하기 전에 주장의 설득력을 평가해 보도록 하는 것이 좋다.[14)]

이 과정에서 교사의 발문은 다음과 같다.

- 어떤 주장을 제시할 수 있는가?
- 각 측이 제기하는 주요 주장은 무엇인가?

이 활동을 통해 학생들은 비판적으로 사고하고, 자신의 추론의 강점과 약점을 재평가하며, 타당한 판단을 내리는 기준을 활용

14) McDonnell, "Making a Case," 68-69.

할 수 있다. 교사는 변호사 및 기타 사법 기관 관계자들을 교실에 초대하여 참고 자료로 활용하는 것도 고려해 볼 수 있다.[15)]

④ **결정과 이유 확인**: 여기서 가장 집중해야 할 부분은 헌법/법적 쟁점에 대한 법원의 답변이다. 예를 들어, 팅커 대 디모인 사건에서 대법원은 학생들의 헌법적 권리가 디모인 독립교육구에 의해 침해되었다고 판결했다.

그리고 대법원의 결정이 영향을 미치는 범위에 대해서도 이야기함으로써 이러한 결정은 전체 국가에 적용된다는 것을 확인한다.[16)]

다음으로 학생들이 판결에 대한 이유를 확인하는 것이 중요하다. 그리고 학생들이 실제 판결에 동의하는지 여부를 확인하고 그 이유를 설명하도록 한다.

판결의 반대 의견이 제시된 경우, 학생들은 반대 의견에 대해서도 설명한다. 교사는 학생들에게 여러 가지 판결 중 하나를 선택할 수 있도록 제시할 수 있다. 학생들은 각 판결의 근거가 되는 법적 추론을 분석하고, 각 판결의 장단점을 판단하여 법원에서 내려야 할 판결을 선택한다.[17)]

이 과정에서 교사의 발문은 다음과 같다.

- 법원의 결정은 무엇인가?
- 법원이 다른 결정이 아닌 그러한 결정을 내린 이유는 무엇인가?

15) McDonnell, “Making a Case,” 68-69.
16) The Juvenile Justice Steering Committee, *Law-Related Education*, 89.
17) McDonnell, “Making a Case,” 68-69.

- 이 사건은 어떤 선례를 가지고 있는가? 그 선례는 어디에 적용될 것인가?
- 이 사건은 아직 결정되지 않은 중요한 쟁점을 가지고 있는가?

또 다른 활동으로 모의 법정으로 접근한 경우, 교사는 학생 로펌과 함께 의견서 작성 활동을 할 수 있습니다. 학생들은 양측의 사실, 쟁점, 그리고 주장을 바탕으로 판결문과 그 이유를 작성한다. 학생들은 서로의 의견을 비판하고 다양한 법적 주장의 강점과 약점을 지적할 수 있다. 그런 다음, 다음 날 반대 의견을 제시하고 그 이유를 설명한다.[18]

⑤ **결정의 평가**: 사례연구법의 마지막 단계는 학생 개개인의 수준에서 법원의 결정에 대한 반응을 중심으로 구성한다. 특히 중요하고 논란의 여지가 있는 사건의 경우 학생들은 법원의 결정에 대해 생각하는 바를 논의할 기회를 가지는 것이 필요하다.[19] 또한 학생들이 법원 결정의 영향을 예측하게 하여 다른 정부 부서의 조치와도 관련지어 논의할 필요가 있다.

이 과정에서 교사의 발문은 다음과 같다.

- 법원의 결정에 대한 여러분의 의견은 어떠한가?
- 법원의 결정에 대하여 여러분이 가진 의견의 이유는 무엇인가?
- 이 사건의 결정이 앞으로 어느 부분에서 어떤 영향을 미칠 것이라고 생각하는가?

18) McDonnell, "Making a Case," 68-69.
19) The Juvenile Justice Steering Committee, *Law-Related Education*, 89.

교사는 위와 같은 기본적인 절차에 따를 수도 있지만, 사건의 내용 및 학교급에 따라 다음과 같은 다양한 방법으로 변형하여 시도할 수 있다.[20)]

- 학생들에게 전체 사건의 내용을 모두 제시한다: 이 접근 방식은 학생들이 사실, 문제, 주장 및 결정을 파악하고 이해하는 데 중점을 두고, 결정 및 법원 추론에 대한 학생의 평가에 중점을 두는 것이다.
- 학생들에게 사법부의 의견을 제외하고 사건을 제시한다: 즉, 사실, 문제, 주장은 있으나 이 접근 방식을 사용하면 학생들에게 어느 법원 의견이 법원의 실제 판결인지 알려주지 않는다. 오히려 학생들은 동의하는 의견을 선택하고 그 이유를 설명하도록 요청받는다. 나중에 실제 판결을 받고 자신의 추론과 결과를 법원의 판결과 비교할 수 있다.
- 학생들에게 사건의 사실만 제시한다: 이 접근 방식을 사용하면 학생들에게 문제를 식별하고 공식화하고, 각 측의 주장을 준비하고, 결정을 개발한 다음, 학생들이 자신의 문제, 주장 및 결정을 법원의 실제 판결과 비교하여 평가하도록 할 수 있다.

2) 모의재판(Mock Trial)

모의재판이란 학생들이 실제 또는 가상의 사건을 바탕으로 재

20) The Juvenile Justice Steering Committee, *Law-Related Education*, 86.

판의 형식을 갖추어 변호사, 피고, 증인, 판사, 배심원 등의 역할을 맡아 사건을 심리하는 시뮬레이션 활동이다. 법교육에서 모의재판은 법을 배우는 수단으로 그리고 시민적 자질을 기르는 방법으로 활용된다. 모의재판은 단순한 연극이 아니라 헌법, 형법, 민법 등 실제 법 규범의 논리에 기반하고 있으며, 이를 통하여 학생들이 법의 절차와 원리를 체험하고, 자신의 권리와 책임, 정의의 개념에 대해 깊이 있는 이해를 하게 하는데 목적이 있다.

법교육에서 모의재판은 1972년 생활법 연구소(Street Law Inc.) 초기 시범 프로젝트의 모의재판[21)]과 1978년 헌법권리재단(Constitutional Rights Foundation)의 로스앤젤레스 고등학생 모의재판 대회[22)] 등을 통하여 보급 확산되었다. 오늘날에는 미국의 여러 주에서 고등학생 대상 모의재판 대회를 매년 개최하고 있으며, 일부 주(州)에서는 교육과정에 모의재판을 포함하고 있다. 우리나라는 2006년 처음으로 법무부에서 고교생 모의재판 경연대회를 개최하였으며 오늘날에는 지역의 교육청, 각급 법원 단위에서 주최하여 개최되고 있다.

모의재판은 재판 절차에 따라 민사 모의재판, 형사 모의재판, 가사 모의재판 등으로 구분되고, 쟁점이 사실관계인지 법리인지에 따라 사실 인정 중심의 모의재판(Mock Trial)과 법리 공방 중심의 모의재판(Moot Court)으로 구분된다. 특히 사실 인정 중심의 모의

---

21) Arbetman, "*Street Law*," 7.

22) Marshall Croddy, "Constitutional Rights Foundation – An Anecdotal History," *Teach Democracy*, accessed July 23, 2025, https://teachdemocracy.org/50th/50th-year/constitutional-rights-foundation-an-anecdotal-history.

재판은 진행 방식에 따라 미리 준비된 시나리오에 따라 진행하는 시나리오 방식 모의재판(scripted mock trial)과 참가자들이 재판 자료를 검토하여 스스로 시나리오를 구성한 후 재판 절차에서 자신이 맡은 역할을 수행하는 비시나리오 방식 모의재판(non-scripted mock trial)으로 구분된다. 이 중 시나리오 방식의 모의재판은 주로 법률과 재판절차에 대한 지식이 부족하여 스스로 재판을 준비하기 어려운 초·중·고등학생을 대상으로 활용되고 있다.[23)]

모의재판의 교수 원리는 다음과 같다.

첫째, 체험 중심의 학습이다. 학생들이 실제 상황을 실연함으로써 법적 절차와 개념을 학습한다.

둘째, 역할의 인식과 수행을 통하여 학습한다. 학생들이 직접 법정의 구성원이 되어 역할을 수행함으로써 관찰자가 아닌 참여자로서 법을 학습한다.

셋째, 비판적 사고와 토론을 통하여 학습한다. 학생들이 증거의 신빙성, 논리적 주장, 윤리적 판단 등을 다른 학생들과 다각도로 검토한다.

넷째, 공동체 의식과 정의감을 함양한다. 학생들이 구체적인 재판 과정에 참여함으로써 공정성, 책임, 권리 등 민주 시민으로서 가져야 할 핵심 가치를 실감나게 이해한다.

다섯째, 통합적인 역량을 강화한다. 학생들이 모의재판의 전체 과정에 참여함으로써 언어 표현력, 분석력, 협업능력, 공감능력을 발달시킨다.

---

23) 박원규 외, 『중 · 고등학생을 위한 수준별 모의재판 시나리오 개발에 관한 연구』 (서울: 대법원 사법정책연구원, 2015), 25.

학생들이 모의재판에 참여함으로써 얻게 되는 구체적인 능력은 다음과 같다.

- 법정 절차에 대한 내부자적 관점
- 문제에 대한 비판적 분석
- 전략적 사고
- 질문 능력
- 경청 능력
- 구두 발표 및 즉흥적 변론 능력
- 자료 준비 및 정리 능력
- 다양한 법률 관련 직업 경험[24)]

모의재판의 교수·학습 과정은 다음과 같이 다양하게 제시되고 있다.

모의재판의 과정을 ① 사건 설명, ② 역할 배분, ③ 재판 진행, ④ 재판 결과 보고로 제시하는 경우,[25)] 또는 ① 실제적 가설적인 법적 사건 선택, ② 역할 설명 및 배역 선정, ③ 학생들이 법정 절차를 정확히 알고 역할 수행, ④ 다양한 학생들의 재판 참여 및 역할 수행, ⑤ 다양한 역할에 직접 참여, ⑥ 증인 선서 및 심문 진행, ⑦ 재판 과정에 참여하여 사건 재현, ⑧ 변호사의 심문 후 원고 측 변호사간 논쟁, ⑨ 재요약 및 분석 토론, ⑩ 교사에 의한 최종 정리 및 평가[26)] 등으로 제시하는 경우가 있다.

---

24) Margaret E. Fisher, *Putting on Mock Trials* (Chicago: Division for Public Education, American Bar Association, 2002), 3.

25) Classroom Law Project, Mock Trial in the Classroom: Activity Framework & Guide, accessed July 23, 2025, https://civicslearning.org/wp-content/uploads/ 2019/03/Mock-Trial-in-the-Classroom-Activity-Guide.pdf.

모의재판을 시나리오 중심으로 접근하는 경우에는 단계별로 제시하고 있는데, ① 사전 지식과 배경 이해 단계, ② 사건 선정 및 대본 구성 단계, ③ 실연 단계, ④ 서로 평가하고 느낀 점 공유하며 이를 피드백시키는 단계로 구분하는 경우,[27] 또는 모의재판을 크게 모의재판 실시 전 단계, 실시 중 단계, 실시 후 단계로 구분하고 각 단계를 세분하여, 실시 전 단계는 ① 시나리오 선정, ② 모의재판 시나리오 수정·보완 필요성 검토, ③ 모의재판에 배정된 시간 안배 검토, ④ 시설 및 소품 준비, ⑤ 실시 전 교육, ⑥ 배역 선정, ⑦ 모의재판 시나리오 등의 배부 및 소품 교부로 나누고, 실시 중 단계는 시나리오에 따른 ⑧ 모의재판 실시, ⑨ 변론 종결 후 재판 결과 예상 토론으로 나누며, 실시 후 단계는 ⑩ 지도관의 재판 절차와 재판 결과에 대한 요약 설명 및 질의 답변, ⑪ 재판 절차와 재판 결과에 대한 토론 등으로 나누고 있다.[28]

모의재판의 과정을 시나리오 중심으로 하든 아니면 시나리오 없이 학생들의 역할 인식에 대한 표현에 중점을 두든 모의재판의 실시와 그 전후로 나누어 볼 때, 이전 단계에서는 모의재판을 위한 사전 지식 확인, 사건 선정, 역할 배분, 실시 단계에서는 시나리오 없이 역할 인식에 대한 표현이나 시나리오에 따라 실연을 하게 되는 재판 진행, 이후 단계에서는 재판 결과 요약 설명, 결과 토론 등이 필요한 과정으로 볼 수 있다. 모의재판의 교수·학습 과정은 다음과 같다.

---

26) 이대성, "모의재판 적용을 통한 법적 기능 신장-중학교 3학년 학생을 대상으로-," 『사회과교육연구』 6 (1999): 83-84.
27) 곽한영, "교육연극으로서 모의재판 수업모형의 재구성," 『법교육연구』 9, no. 1 (2014): 16-17.
28) 박원규 외, 『중·고등학생을 위한 수준별 모의재판』, 94.

① 사전 지식 확인	② 사건 선정	③ 역할 배분	④ 재판 진행
⑤ 재판 결과 요약	⑥ 결과 토론		

① **사전 지식 확인**: 교사는 학생들이 민·형사 재판 절차에 관하여 알고 있는 바를 확인하고 재판 진행 방식을 이해하고 파악할 수 있도록 한다. 그리고 각각의 재판에 참여하는 판사, 검사, 변호사, 원고, 피고, 증인, 집행관 등 재판에 관여하고 있는 사람들이 하는 일이 무엇인지를 확인한다.

이 과정에서 교사의 기본 발문은 '재판 절차는 어떠하며, 재판에 관여하는 사람들이 하는 일은 무엇인가?'이다. 구체적으로는 다음과 같은 질문들이 필요하다.

- 재판이란 무엇인가?
- 재판이 필요한 까닭은 무엇인가?
- 형사재판과 민사재판의 차이점은 무엇인가?
- 재판 진행 방식은 어떠한가?
- 판사, 검사, 변호사, 원고, 피고, 증인, 집행관 등은 재판에서 어떤 일을 하는가?

② **사건 선정**: 모의재판을 위한 시나리오나 실제 사건들 중 적합한 사건을 선택한다. 교사는 학습자의 발달 수준과 주어진 교수·학습 목표를 고려하여 사건을 선정한다.

이 과정에서 교사의 기본 발문은 '어떤 사건에 대해 모의재판을 할 것인가?'와 '모의재판에서 다룰 사건의 개요는 어떠한가?'이다. 구체적으로는 다음과 같은 질문들이 필요하다.

- 사건의 원고와 피고는 누구인가?
- 사건은 언제 일어났는가?
- 사건은 어디서 일어났는가?
- 어떤 일이 일어났는가?
- 사건은 무엇 때문에 발생하게 되었는가?

③ **역할 배분**: 학생들은 판사, 검사, 변호사, 원고, 피고, 증인, 집행관 등의 역할을 배정받는다. 역할 배분은 학생들의 희망을 고려하여 우선 선정하고, 배역이 경합할 경우 학생들의 협의를 통하여 이루어지도록 한다. 그리고 학생들이 자신의 역할과 그에 따른 시나리오나 실연할 행동을 이해할 수 있도록 읽거나 준비할 수 있는 충분한 시간을 제공한다.

이 과정에서 교사의 기본 발문은 '모의재판에서 누가 어떤 역할을 맡을까?'와 '모의재판을 위해 어떻게 준비해야 할까?'이다. 구체적으로는 다음과 같은 질문들이 필요하다.

- 판사, 검사, 변호사, 원고, 피고, 증인, 집행관 등의 역할을 누가 맡을까?
- 배분된 각각의 역할이 해야 하는 일은 무엇인가?
- 역할 수행을 위해 준비해야 할 것은 무엇인가?
- 역할 배분을 받지 않은 사람들은 어떻게 해야 하는가?

> 판사는 다음을 수행해야 한다.
> - 재판이 어떻게 진행되어야 하는지 파악하기 위해 "재판 절차"를 읽어야 한다.
> - 이의 제기 가이드를 읽어야 한다(이의 제기를 포함할 계획인 경우).

변호사는 다음을 수행해야 한다.

- 모든 증인 진술서 또는 자신에게 배정된 진술서의 사실 관계를 읽어야 한다.
- 판사 또는 배심원에게 사건 이론이나 진술을 설명하는 모두 진술을 준비해야 한다.
- 증인에게 질문할 내용을 준비해야 한다.
- 최종 변론을 준비해야 한다(재판 중 새로운 내용을 알게 되면 추가할 수 있다).

증인은 다음을 수행해야 한다.

- 진술서를 최소 3번 읽어 사건의 중요한 사실을 모두 파악해야 한다.
- 어떤 질문을 받을지 생각해 보아야 한다.
- 변호사와 협력하여 질문을 생각하고 자신의 입장을 어떻게 전달할지 생각해 보아야 한다.

집행관은 다음을 수행해야 한다.

- 재판이 어떻게 진행되어야 하는지 파악하기 위해 "재판 절차"를 읽어야 한다.
- 각 증인에게 행할 선서를 연습해야 한다.[29]

④ **재판 진행**: 재판은 재판부의 입정으로부터 판결 선고에 이르기까지의 일련의 과정으로 나아가며, 민사재판과 형사재판의 과정은 달리 진행된다.

각각의 재판 진행 과정을 살펴보면 다음과 같다.

민사 모의재판 과정[30]

- 재판부의 입정 및 개정 선언

29) Classroom Law Project, *Mock Trial in the Classroom*, accessed July 15, 2025.

30) 박원규 외, 『각급 법원의 중 · 고등학생 법원체험 프로그램용 모의재판 시나리오 및 지도안』, 서울: 대법원 사법정책연구원 (2015), 18-30.

- 기일의 시작과 관계인의 출석 확인
- 당사자 등의 주장
- 쟁점 정리
- 증거 신청
- 증거 조사 시작
- 증인의 동일성 확인
- 위증의 벌 경고 등
- 증인 선서
- 증인 신문
- 증거 조사 종결
- 최종 변론
- 재판부의 재입정
- 판결 선고

형사 모의재판 과정[31)]

1. 모두절차
    - 재판부의 입정 및 개정 선언
    - 기일의 시작과 관계인의 출석 확인
    - 진술거부권 고지 등
    - 검사의 모두진술
    - 피고인의 모두진술
    - 변호인의 의견진술
    - 쟁점정리 및 증거신청

31) 박원규 외, 『각급 법원의 중 · 고등학생 법원 체험』, 18-30.

2. 증거조사

- 증인의 동일성 확인
- 위증의 벌 경고 등
- 증인선서
- 증인 신문
- 증인조사 종결

3. 피고인 신문 및 최종 변론

- 피고인 신문
- 검사의 최종의견 진술
- 변호인의 최종의견 진술
- 피고인의 최종의견 진술

4. 판결 선고

- 재판부의 재입정
- 판결 선고

이 과정에서 교사는 변론 종결 후 방청석에 있는 학생들에게 판결을 예측해 보도록 한 후 유죄 판결을 예측하는 학생들과 무죄 판결을 예측하는 학생들 사이의 토론을 유도한다.[32] 학생들 사이의 토론이 활발하게 이루어지지 않는 경우에는 원고와 피고, 검사와 피고인의 역할을 담당한 학생들 사이의 토론을 유도한 후 방청석에 있는 학생들을 위 토론에 참여시키는 방법도 고려해 볼 수 있다.[33]

32) 박원규 외, 『각급 법원의 중 · 고등학생 법원 체험』, 231.
33) 박원규 외, 『각급 법원의 중 · 고등학생 법원 체험』, 212.

⑤ **재판 결과 요약**: 판사가 선고한 결과를 평결(유죄/무죄, 책임/무책임)을 내리고, 판사가 형량을 선고한 결과를 요약한다. 교사는 학생들에게 재판 결과를 간단하게 요약하여 설명하고 학생들의 질문을 받는다.[34)]
이 과정에서 교사의 기본 발문은 '이 사건의 결과는 어떠한가?' 이다. 구체적으로는 다음과 같은 질문들이 필요하다.
- 재판 결과는 어떠한가?
- 판사는 어떤 이유로 이러한 판결을 하였는가?

⑥ **결과 토론**: 재판 절차와 재판 결과에 대하여 학생들이 자유롭게 발표하고 학생들 간에 토론을 진행한다.
이 과정에서 교사의 기본 발문은 '재판 결과에 대한 자신의 생각은 어떠한가?'와 '이 판결에 지지하는가?'이다. 구체적으로는 다음과 같은 질문들이 필요하다.
- 재판 결과에 대한 질문 사항은 없는가?
- 재판 결과에 대한 질문에 어떠한 답변을 할 수 있겠는가?
- 재판 결과에 대한 서로 다른 주장에 대해 어느 쪽 주장을 지지하는가?
- 주장에 대하여 지지하는 이유는 무엇인가?

모의재판에 대해 교사와 학생이 준비에 많은 시간을 투입해야 하고, 실제 법원 절차의 복잡성으로 인해 모의재판은 실제로 진행

34) 박원규 외, 『각급 법원의 중 · 고등학생 법원 체험』, 213.

되는 사법 제도의 부분적인 관점만을 획득한다는 단점을 지적하고 있으나,[35] 성공적인 모의재판은 이러한 단점을 충분히 상쇄할 수 있으며 다음과 효과가 있다.[36]

첫째, 법적 절차의 이해이다. 학생들은 증거 규칙, 법정 절차, 그리고 다양한 참여자의 역할에 대해 학습한다.

둘째, 비판적 사고 능력을 개발한다. 모의재판은 학생들이 정보를 분석하고, 증거를 평가하고, 논리적인 주장을 구성하도록 한다.

셋째, 의사소통 능력을 향상시킨다. 학생들은 모의재판을 통하여 대중 앞에서의 연설, 설득력 있는 주장, 그리고 효과적인 질문 기법을 학습한다.

넷째, 팀워크와 협력을 증진시킨다. 학생들은 함께 협력하여 자신의 주장을 준비하고 효과적으로 발표할 수 있게 된다.

다섯째, 법적 소양의 향상이다. 모의재판은 학생들이 법체계와 시민으로서의 권리와 책임에 대한 이해를 진작시킨다.

3) 외부 인적자원 초빙학습

외부 인적자원 초빙학습은 변호사, 판사, 경찰, 사회복지사 등 법률 및 사회 서비스 분야의 전문가들이 교실에 초대되어 학생들에게 법적 지식과 경험을 공유하는 교수·학습 방법이다. 이러한

35) Public Legal Education Association(PLEA), *The PLEA: Mock Trials*, accessed October 26, 2025, https://teachers.plea.org/newsletter/2017/the-plea-mock-trials/34.1-3.

36) 19th Judicial Circuit Court, "Guide to Conducting Mock Trials," accessed 15, July 2025, https://www.19thcircuitcourt.state.il.us/1610/Guide-to-Conducting-Mock-Trials.

전문가들은 학생들에게 실제 경험과 사례를 통해 법적 절차, 권리와 책임, 사회적 정의 등에 대해 설명하며, 이론과 현실의 연계하여 이해할 수 있도록 한다.

법교육에서 외부 인적자원의 활용 사례는 1965년 페이서(Minna Post Peyser)가 미국의 자유 연구 교육 센터(Center for Research and Education in American Liberties)를 창립하여 법조 단체와 교육 단체가 협력하여 교사 워크숍을 준비하고 지원한 활동이 있었고,[37] 1966년 시카고변호사협회와 시카고교육위원회가 협력하여 추진한 미국 사회의 법(Law in American Society) 프로젝트를 통하여 전문 법조인이 참여한 교사 연수 등이 있었다.[38] 그러나 이들은 외부 인적자원이 교실 수업에 직접 참여한 것은 아니었다. 외부 인적자원이 교실 수업에 직접 참여하게 된 것은 1972년 컬럼비아 조지타운대학의 법학전문대학원 학생들이 컬럼비아 지역 고등학교에서 법적 개념을 가르치는 생활법(Street Law)의 수업이 정규 실습 과정으로 됨으로써 시작되었다. 예비 법조인인 법학전문대학원 학생의 생활법(Street Law) 수업이 즉각적인 성공을 거두면서 전국적으로 확산되면서 오늘날에 이르고 있으며, 1985년 변호사-학교 파트너십(Bar-School Partnership) 프로그램은 법교육에서 변호사와 같은 인적자원을 초빙하여 활용하는 활동의 일반화에 기여하였다. 외부 인적자원 초빙학습은 다양한 형태로 미국 전역에 확산되어 많은 학교에서 활용되고 있다. 우리나라에서는 2006

37) 박용조, "사회과 법교육에서 인적자원 활용의 논리-미국 법교육을 중심으로-," 『미국헌법연구』, 제22권 제3호 (2011): 154-155.
38) 박용조, "사회과 법교육에서 인적자원 활용의 논리," 156.

년 이후 법무부의 '법교육 출장 강연(Law Educator)'프로그램에서 변호사, 판・검사 등 법조인, 법과대학 교수, 행정 관료, 유명 인사 등 외부 인사들이 초・중・고등학교를 대상으로 사례 중심 법률 강좌를 실시하고 있으며 2007년부터는 대한변호사협회와 공동으로 법교육 전문 강사를 확보하여 현장의 법교육을 지원하고 있다.[39]

외부 인적자원 초빙학습의 교수 원리는 다음과 같다.

첫째, 실제 사례 중심의 학습이다. 외부 인적자원인 전문가들이 실제 사례를 통해 법적 개념을 설명함으로써 학생들이 이론과 현실을 연결할 수 있도록 한다.

둘째, 상호작용적 학습이다. 학생들이 외부 인적자원인 전문가와 직접 대화하고 질문함으로써 능동적으로 학습에 참여하도록 유도한다.

셋째, 법적 개념에 대한 이해를 강화하고 풍부하게 확장한다. 외부 인적자원을 통해 획득한 법적 지식을 통해 학생들이 자신의 권리와 책임을 이해하고 민주 사회의 일원으로서의 역할을 인식하도록 돕는다.

넷째, 다양한 관점을 수용한다. 외부 인적자원인 전문가들의 의견을 통해 학생들이 법적 문제를 다각도로 분석하고 이해할 수 있도록 한다.

다섯째, 긍정적인 성인 롤모델을 제공한다. 외부 인적자원과의 만남을 통하여 학생들이 어려운 상황을 헤쳐 나가는 잠재력을 일

39) 박용조, "법교육지원법에 근거한 한국 학교 법교육의 전개와 특성," 『법과 인권교육연구』, 제12권 제2호 (2019): 61.

깨우게 됨으로써 긍정적인 영향력을 발휘한다.

외부 인적자원 초빙학습의 교수·학습과정은 다음과 같다.[40)]

---

① 준비하기　② 방문 전 준비　③ 초빙인사의 도착과 수업 ④ 수업 종료 후 토론　⑤후속 활동

① 준비하기

1. 외부 인적자원인 초빙 인사에게 연락한다.
2. 초빙 인사에게 전화할 때
   A. 자신을 소개하고 수업, 학습 내용, 초청 이유, 계획된 활동에 대한 간략하게 설명한다.
   B. 초빙 인사에게 다음을 알려 준다.
      1) 초빙 날짜와 시간
      2) 수업 시간
      3) 학생들의 나이와 발달 수준(예: 초등학교, 중학교)
      4) 수업 목표, 수업 주제 또는 답변해야 할 질문(수업 계획 또는 활동지 사본 보내기)
      5) 수업 방법(예: 모의재판 또는 모의 법정)
      6) 학교 위치, 주차장
      7) 보안 문제
   C. 초빙 인사에게 다음을 확인한다.
      1) 혼자서 진행할 것인가?

40) The Juvenile Justice Steering Committee, *Law-Related Education*, 65-67.

2) 필요한 장비(ppt 활용 장비 등)가 있나요?

3) 준비물을 가져올 것인가?

4) 방문 전에 학생들이 알아야 할 것이 있는가?

3. 날짜 정하기

A. 날짜를 선택할 때 일정을 계획할 수 있도록 충분한 시간(적어도 2~3주 전)을 둔다.

B. 선택한 날짜와 시간이 학교의 프로그램과 충돌하지 않는지 확인하고 필요한 시설이나 장비를 사용할 수 있는지 확인한다.

4. 확인

초빙 인사가 내용에 대한 혼란이나 약속을 잊어버리지 않도록 확정된 내용을 서면으로 작성하여 보내고 학교에도 확정된 내용을 알린다.

② 방문 전 준비

1. 학생들에게 초빙 인사의 이름과 그에 대한 기본 정보를 알린다.
2. 방문 1~2일 전에 초빙 인사에게 전화 또는 메시지를 보내서 방문을 확인한다.
3. 방문 전에 학생들에게 초빙 인사에게 할 주요 질문을 준비하게 한다.
4. 방문 전에 학생들에게 미리 읽어보아야 할 자료를 제시할 수도 있다.

③ 초빙 인사의 도착과 수업

1. 초빙 인사가 학교에 도착하면 맞이할 장소(교무실 등)로 가도록 미리 알려주어야 한다. 초빙 인사가 도착하면 즉시 담당 교사에게 알려준다.
2. 교사 또는 학생이 초빙 인사를 맞이하고 수업 장소로 안내하도록 한다.
3. 초빙 인사를 적절히 소개한다. 초빙 인사의 배경과 전문성에 대한 간략한 진술은 학생들의 학습 준비에 도움이 되며 초빙 인사에게는 방문의 중요성을 환기시킨다.
4. 교사는 수업 활동 내내 참석해야 한다. 초빙 인사는 수업 관리에 대한 책임이 없을 뿐만 아니라 초빙 인사의 활용은 교사와 초빙 인사의 협력을 전제로 하는 것이므로 수업에서 교사의 존재와 참여는 매우 중요하다.
5. 초빙 인사는 예정된 시간 내에 수업활동을 끝내는 것이 가장 좋다. 일부 초빙 인사가 수업 후에도 여전히 질문이 있는 학생들을 만나겠다고 제안할 수도 있다.
6. 대부분의 초빙 인사는 훈련된 교사가 아니다. 때때로 교사가 적절한 질문이나 다른 수단을 사용하여 초빙 인사가 원하는 정보를 보다 효과적으로 전달할 수 있도록 한다.
7. 학생들이 초빙 인사에게 감사를 표할 시간을 갖는다.

④ 수업 종료 후 토론

1. 초빙 인사가 말한 것 중 중요하다고 생각하는 것은 무엇인가?
2. 초빙 인사와의 학습 활동에 대해 어떤 생각이나 느낌이 들었는가?

3. 초빙 인사 수업으로 주제를 학습하는 데 도움이 되었다고 생각하는가?
4. 초빙 인사가 어떤 특별한 편견이 있었는가?

* 초빙 인사가 특정 관점을 옹호하는 경우, 토론을 통하여 반대 의견을 끌어내도록 한다.

⑤ **후속 활동**

1. 초빙 인사에게 학생 및 교사의 사후 감사를 전한다. 이는 초빙 인사에게 보람을 느끼게 하고, 학생의 글쓰기 능력을 향상시키는 데 도움이 되며, 초빙 인사의 향후 활동을 격려한다.
2. 같은 주제에 대해 다른 관점을 가진 외부 인적자원이 있다면 다음에 초빙하는 것을 고려할 필요가 있다.

외부 인적자원 초빙학습은 인적자원의 확보와 준비 및 절차의 어려움으로 현장에서 접근하기 어려운 학습 형태이기는 하지만 계획적으로 잘 준비된다면 학생들이 교실에서 교사 외의 성인들과 상호작용함으로써 성인과의 유대감을 형성하여 사회규범의 준수에 긍정적인 효과를 기대할 수 있다는 큰 장점이 있다. 이를 위해 외부 인적자원 초빙학습은 다음과 같은 점에 유의하여 접근하여야 한다.[41]

첫째, 초빙 인사가 다루는 주제는 수업과 관련이 있어야 한다.

---

41) The Juvenile Justice Steering Committee, *Law-Related Education*, 64.

둘째, 초빙 인사는 강의보다는 학생과의 상호작용에 초점을 두는 활동을 해야 한다.

셋째, 초빙 인사는 다양한 관점을 포함하여 주제에 대하여 균형 잡힌 모습을 보여야 한다.

넷째, 초빙 인사는 전체 학생을 위한 효과적인 수업 방안을 사전에 준비하도록 한다.

다섯째, 학생들은 초빙 인사의 수업에 적극적인 참여를 할 수 있도록 준비되어 있어야 한다.

5) 논쟁문제(Controversial Issues) 다루기

'논쟁문제 다루기'는 사회적으로 중요한 주제 중에서 찬반양론이 존재하고 명확한 정답이 없는 '논란이 되는(controversial)' 쟁점(issues)을 중심으로 다양한 관점과 논리를 탐구하고, 토론과 논의를 통해 비판적 사고와 시민적 참여 능력을 기르기 위해 도입되는 교수·학습 방법이다. 법교육에서 주요 학습의 소재인 법적 사례(case)만 보더라도 사안에 대한 서로 다른 관점으로 찬반 양론 및 법적 갈등이 내재해 있는 것으로 논쟁문제를 다루는 학습은 법교육에서 주요한 학습 형태가 된다.

학습의 소재로서 사회적 쟁점(social issues)은 미국의 사회과교육에서 Dewey(1910), Rugg(1939), Griffin(1942), Hunt와 Metcalf (1955 및 1968), Oliver와 Shaver(1966), Massialas와 Cox(1966), Newmann과 Oliver(1970), Gross와 Muessig(1971), Newmann

(1975), Engle과 Ochoa(1988) 등을 비롯한 많은 사람들의 작업을 통해 개발되고 개선되어 왔으며,[42] 사회과교육의 내용으로서 하나의 전통과 관행으로 자리 잡아 왔다.

'논쟁문제 다루기'의 교수원리는 다음과 같다.

첫째, 학생들이 다양한 관점을 탐색하게 한다. 학생들이 문제를 다양한 관점에서 바라보고, 상대 입장을 이해할 수 있는 기초를 다진다.

둘째, 학생들의 활발한 토론과 의사소통을 기반으로 한다. 학생들이 근거 있는 주장, 경청, 반박 등의 기능(skills)을 습득하고 있어야 한다.

셋째, 학생들의 비판적 사고를 촉진하도록 한다. 학생들이 논쟁문제에 내재해 있는 서로 다른 의견이나 관점을 분석·평가·판단함으로써 비판적 사고를 고양한다.

넷째, 학습 활동에서 학생의 참여가 중심이 된다. 학생 주도의 참여와 탐구 활동이 주된 학습 활동이 된다.

다섯째, 민주적 가치를 지향한다. 학생들이 사회 일반 및 학생들의 다양한 의견을 존중함으로써 민주적 태도를 기르도록 한다.

법교육 교실에서 논쟁문제를 다룰 때는 교사의 준비가 중요하다. 학생, 학부모, 학교 관리자의 적대적인 반응과 잠재적인 어려움에 효과적으로 대처하기 위해서 교사는 다음과 같은 준비를 하

42) Ronald W. Evans et al., "Defining Issues-Centered Education," in *Handbook on Teaching Social Issues*, NCSS Bulletin 93, ed. Ronald W. Evans and David W. Saxe (Washington, DC: National Council for the Social Studies, 1996), ED410141, 5.

여야 한다.[43)]

첫째, 따뜻하고 지지적인 교실 환경을 조성한다. 교사는 학생들의 생각을 긍정적으로 받아들이고, 집단의 결속력을 키우며, 협동 학습에 학생들을 참여시킨다. 수업에서 '존중 및 경청'과 같은 규범을 세우고 유머를 통해 유대감을 형성하고 신뢰 구축에 힘쓴다.

둘째, 철저한 준비와 계획을 한다. 교사는 자신의 교과 지식을 지속적으로 확장한다. 교사는 수업과 단원에 대한 명확한 목적, 근거, 목표를 설정한다. 교사는 교육과정을 계획할 때 학생, 학교 공동체에 대한 지식은 물론, 그리고 사회의 사회적, 문화적, 정치적 양극화와 같은 맥락적 요인도 고려한다.

셋째, 교사의 정체성과 역할에 대한 성찰을 한다. 교사는 탐구의 촉진자이며, 학생들에게 자신의 견해를 강요해서는 안 되며, 학생들이 스스로 결론에 도달하도록 돕는다. 교사는 자신의 입장(예: 옹호자 또는 반대자)과 역할, 그리고 언제 어떤 방식으로 자신의 견해를 공개할지에 대해 성찰해야 한다.

넷째, 학부모, 동료 교사, 관리자와 적극적인 소통을 한다. 교사는 논쟁적인 주제를 가르칠 계획이 있을 때, 학부모와 학교 관리자에게는 이러한 주제에 대해 설명할 수 있도록 준비되어 있어야 한다. 또한 학생들에게도 미리 논쟁적인 주제를 다룰 것임을 알려야 한다.

다섯째, 쟁점은 신중하게 선택, 제시, 구성되어야 한다. 교사는

43) Judith L. Pace, "How Can Educators Prepare for Teaching Controversial Issues? Cross-National Lessons," *Social Education* 85, no.4 (2021): 230-231.

먼저 학습자에게 민감하지 않은 덜 논쟁적인 주제부터 시작하여 점차 더 깊이 공감할 수 있는 주제로 나아가야 한다. 쟁점은 개인적인 의견을 논쟁하는 것이 아니라 다양한 관점을 이해하도록 돕기 위해 개인적 관점이 아닌 공적인 관점에서 다루어져야 한다.

여섯째. 창의적인 자료를 제시하고 모둠 활동을 강조한다. 교사는 학생들의 사고를 자극하고 토론의 출발점을 제공하기 위해 창의적인 자료를 활용하여 주제를 소개한다. 학생들은 구조화된 소집단 토론을 통해 학급 관리에 대한 부담을 줄이고, 전체 학급 토론 진행의 어려움을 완화하며, 모든 학생의 의견을 들을 수 있는 기회를 더 많이 제공한다.

일곱째. 토론을 유도한다. 교사는 학생들의 사고를 유도하기 위해 질문을 던진다. 질문, 토론 형식 및 절차는 토론에 구조를 제공하며, 이는 일반적으로 소집단에서 시작하여 전체 학급 토론으로 나아간다.

여덟째, 감정적 갈등을 균형 있게 다룬다. 교사는 감정의 자극을 피하거나 감정적 참여와 지적 참여와의 균형을 맞추어야 한다. 상황이 격해지면 갈등을 완화할 수 있는 기법을 사용해야 한다. 또한 학생들이 감정적으로 굳어진 관점과 사회적 분열에 대해 메타인지적으로 생각하도록 유도한다.

논쟁문제를 다루는 방법은 다양하지만, 가장 많이 주창되는 방법은 교실 토론이다.[44] 그러나 토론은 학교 및 교육청의 정책, 그

44) Elizabeth K. Wilson et al., "Teachers' Perspectives on Incorporating Current Controversial Issues into the Social Studies Curriculum," *The International Social Studies Forum* 2, no.1 (2002): 31.

에 따른 교실 통제 부족, 또는 학생들이 당면한 문제에 대해 공개적으로 토론하고 논쟁하는 것에 대해 어려워하기 때문에 교사들이 토론과 상호작용을 통해 논쟁문제를 가르치는 것을 소홀히 한다.[45] 논쟁문제를 교실에서 다루기 위해서는 보다 손쉽게 접근할 수 있는 방안이 요구된다. 여기에는 구조화된 대화(Structured Academic Controversy), 입장 정하기(Take a Stand) 등의 수업기법들이 있다.

(1) 구조화된 대화

'구조화된 대화'는 데이비드 존슨(David Johnson)과 로저 존슨(Roger Johnson)이 교실 토론을 구조화하고 집중력을 제공하기 위해 개발한 것이다. 학생들이 찬반 입장을 번갈아 가며 논의하고, 공통의 해결 방안 또는 합의점을 찾는 토론 수업기법이다. 논쟁을 이기는 것보다, 이해와 협력이 중심이 된다.

구조화된 대화의 교수·학습과정은 다음과 같다.[46]

① 쟁점 소개 ② 역할 분담 ③ 찬반 입장 발표 ④ 역할 바꾸기 ⑤ 공통점 · 합의점 도출

45) Jeff Byford, Sean Lennon, and William B. Russell Ⅲ, "Teaching Controversial Issues in the Social Studies: A Research Study of High School Teachers," *The Clearing House* 82, no.4 (2009): 166.

46) Structured Academic Controversy, accessed October 25, 2025, https://www.oregon.gov/ode/students-and-family/equity/NativeAmericanEducation/Documents/SB13%20Curriculum/CurryStructuredAcademicControversy.pdf의 내용을 수업에 처음 도입하는 경우를 고려하여 수정·보완 및 정리한 것임.

① **쟁점 소개**: 논쟁문제를 제시하고 개념을 설명한다.
"이 쟁점은 왜 사회적으로 논쟁이 될까요?"
"이 문제의 핵심은 무엇일까요?"

② **역할 분담**: 소그룹(4인)을 구성하고, 소그룹 내에 찬성(2인)/반대(2인) 역할을 분배한다.
"찬성(2인)/반대(2인) 팀은 각각 어떤 근거를 중심으로 주장할 수 있을까요?"

③ **찬반 입장 발표**: 찬성(2인)/반대(2인) 각 팀이 자기 입장을 주장한다.
"상대 팀의 주장에서 설득력 있는 부분은 무엇인가요?"

④ **역할 바꾸기**: 입장을 바꾸어 상대팀 입장을 주장한다.
"이제 반대 입장을 말해보세요. 입장이 바뀌니 어떤 점이 새롭게 느껴지나요?"

⑤ **공통점 · 합의점 도출**: 소그룹(4인)은 합의에 도달하기 위해 최선의 대안을 도출한다.
"두 입장을 종합할 때 가능한 대안은 무엇일까요?"
"우리가 함께 동의할 수 있는 핵심 가치는 무엇인가요?"

구조화된 대화의 특징은 학생들이 자신의 입장뿐 아니라 상대의 입장도 이해해야 하고, 토론 후 협력적 해결 방안 도출이 목표라는 점이다.

(2) 입장 정하기

'입장 정하기'는 학생들이 특정 쟁점에 대해 자신의 명확한 입장을 선택하고, 그 이유를 논리적으로 설명하는 활동으로 이루어지며, 교실 내 공간 이동을 통해 물리적으로 표현하도록 함으로써 사고를 시각화하고 상호작용을 촉진하는 방식이다. 입장 정하기는 실제 수업에서 입장 측정(Barometer), 연속선 토의(Continuum) 등과 병행하여 사용되는 용어이다.

입장 정하기의 교수·학습과정은 활동에 따라 달라질 수 있으며, 공통적인 단계는 다음과 같다.

① 논쟁문제 제시 ② 입장 선택 ③ 입장별 소그룹 토론 ④ 입장 발표 및 질의 응답 ⑤ 입장 이동 허용 ⑥ 정리 및 반성

① **논쟁문제 제시**: 논쟁문제에 대한 설명 및 배경을 제시한다.
"이 문제에 대해 여러분은 어떻게 생각하나요?"

② **입장 선택(찬성/반대/중립)**: 교실 양 끝을 '찬성/반대'로 나누고, 학생 스스로 입장을 선택한 후 이동한다.
"찬성/반대/중립 입장을 선택한 이유는 무엇인가요?"

③ **입장별 소그룹 토론**: 같은 입장의 학생들끼리 주장을 정리한다.
"여러분의 입장을 뒷받침할 수 있는 근거는 무엇인가요?"

④ **입장 발표 및 질의 응답**: 소그룹별로 각각의 입장을 발표 후 상

대방과 질의 응답을 한다.
"상대방의 입장에서 가장 설득력 있는 점은 무엇인가요?"

⑤ **입장 이동 허용**: 학생들이 주장과 토론을 듣고 입장 변경이 가능하도록 한다.
"지금 입장을 바꾸고 싶은 사람 있나요?"
"왜 바꾸게 되었나요?"

⑥ **정리 및 반성**: 전체 토의 후 성찰 활동을 한다.
"이 활동을 통해 가장 인상 깊었던 발언은 무엇인가요?"
"이 활동을 통해 어떤 점을 새롭게 생각하게 되었나요?"

입장 정하기의 특징은 자신의 입장을 분명히 하며 타인의 의견을 존중하는 훈련을 할 수 있으며, 신체 활동(움직임)이 포함되어 몰입도를 높일 수 있다.

논쟁문제를 다룸에 있어 토론과 의견 공유가 중요한 요소이므로 학생들은 기본적으로는 의견을 표현할 때에는 반드시 그에 대한 이유나 근거를 제시해야 하고, 다른 사람의 의견을 예의 바르고 존중하는 태도로 경청해야 한다. 따라서 다음과 같은 토의 규칙을 학생들과 공유하는 것이 좋다.[47)]

첫째, 모두가 발언할 기회를 갖는다. 한 번에 한 사람씩만 이야기한다.

47) The Juvenile Justice Steering Committee, *Law-Related Education*, 91.

둘째, 자신의 차례를 기다리며, 다른 사람의 말을 가로막지 않는다.

셋째, 사람과 다투지 말고, 생각이나 근거에 대해 이야기한다.

넷째, 자신의 생각이나 입장을 바꿀 수 있다. 다만 그 이유를 말해야 한다.

다섯째, 다른 사람의 생각과 근거를 잘 듣는다. 나중에 (자신의 의견 외에) 가장 인상 깊었던 의견이 무엇이었는지 말하게 될 수도 있기 때문이다.

6) 지우개 게임(Eraser Game)[48)]

지우개 게임은 학생들이 활동을 통해 규칙이 언제, 왜 필요한지를 되돌아보며 교실이나 공동체에서 규칙의 중요성을 적극적으로 생각해보게 한다. 교사는 게임 규칙을 법치주의와 연결하고 우리 공동체와 사회에서 법의 중요성에 대해 이야기할 수 있다.

지우개 게임은 네일러(David T. Naylor) 등이 개발한 규칙, 규칙, 규칙(Ohio State Bar Association, 1980)과 초등 법교육 자료 가이드(Cleveland Public Schools, 1981)의 자료를 일부 바탕으로 해리엇 비클먼 조지프(Harriet Bickleman Joseph)가 디자인한 '버클 게임(Buckle Game)'에서 각색한 것이다. 게임의 진행 절차는 다음과 같다.

48) American Bar Association ABA Division for Public Education, "Rules, Rules, Rules," accessed September 25, 2025, https://www.americanbar.org/groups/public_education/resources/lesson-plans/middle-school/constitution/rules--rules--rules/.

① 지우개 전달 게임하기

- **1단계**: 학생들을 두 줄로 서 달라고 하고 "자, 지우개 전달 게임을 하겠습니다."라고 말하고 그 외 설명이나 규칙은 절대 말하지 않는다. [참고: 대부분의 학생들은 혼란스러워하며 "어떻게 하는 거예요?" 또는 "무엇을 해야 하나요?"라고 물을 것이다.]
- **2단계**: 각 줄의 맨 앞 사람에게 "줄의 맨 뒤 사람에게 지우개를 전달하세요."라고 지시한다.
- **3단계**: 줄의 맨 뒤 사람에게 "지우개를 다시 줄의 맨 앞 사람에게 가져오세요."라고 말한다.
- **4단계**: 30초 정도 게임을 진행시킨 후, 중단하고 새 지시를 준다.

  "아! 눈을 감고 지우개를 전달해야 해요. 처음부터 다시 시작해 볼게요."
- **5단계**: 다시 30초 후, 또 중단하고 말한다.

  "사실 왼손으로 전달해야 해요. 처음부터 다시 시작합시다."
- **6단계**: 또 30초 후, 다음 지시를 준다.

  "지우개를 전달할 때는 무릎을 꿇고 있어야 해요. 다시 시작할게요."
- **7단계**: 또 30초 후, 마지막 지시를 준다.

  "앞으로 지우개를 가져올 때는 뒤로 걸어가야 해요. 다시 처음부터 시작해봅시다."
- **8단계**: 마지막으로 30초 동안 게임을 진행한 후, 게임을 종료

한다.

② 문제점 검토하기

게임이 끝난 후, 학생들과 함께 다음 질문을 통해 문제점을 돌아본다. 학생들이 규칙이 자주 바뀌고, 명확하지 않았기 때문에 혼란스러웠다는 점을 이해하도록 도와준다.

- 게임을 하면서 어려운 점이 있었나요?
- 어떤 점이 문제였는지 설명해보세요.

③ 규칙 만들기 활동

- 학생들이 제시하는 문제점을 종합하여 칠판에 "규칙은 지키기 쉬워야 합니다."라고 적는다.

좋은 규칙을 위한 기준

- 규칙은 지키기 쉬워야 한다.
- 규칙은 간단하게 표현되어야 한다.
- 우리가 실제로 수행할 수 있는 활동만 포함되어야 한다.
- 규칙은 시행 가능해야 한다.
- 다른 규칙과 충돌해서는 안 된다.
- 규칙을 어겼을 때는 벌칙이 있어야 한다.

- 학생들과 브레인스토밍을 하여 지우개 게임을 위한 명확하고 간단한 규칙을 만든다.
- 게임 규칙에 대한 학생들의 제안을 나열한다.
- 학급 투표를 통하여 게임에 대한 몇 가지 간단한 규칙을 선택하도록 한다.

– 지우개 게임을 위한 규칙에는 어떤 것이 있을까요?

– 나온 제안들 중에서 투표를 통해 몇 가지 규칙을 정하여 봅시다.

④ **새로운 규칙으로 게임 다시 진행하기**

• 학급에서 만든 새로운 규칙에 따라 게임을 한다. 명확한 규칙이 있을 때, 게임이 훨씬 공정하고 체계적으로 진행된다는 것을 학생들이 체험할 수 있도록 한다.

“새로 만든 규칙에 따라 지우개 전달 게임을 시작해 봅시다.”

⑤ **수업 정리 및 토의**

게임이 성공적으로 끝난 후, 규칙이 왜 필요한지를 생각하게 한다. 학생들의 생각을 칠판에 기록하고, 함께 비슷한 내용을 묶어 정리한다.

“가족, 학교, 운동장, 지역사회 등에서 왜 규칙이 필요할까요?”

지우개 게임은 초등학교에 적용되는 법교육의 고전적인 게임으로서 손쉽게 적용할 수 있는 기법이다. 학생들이 주고받을 수 있는 물건이면 지우개가 아니어도 가능하며, 이 게임을 통해 학생들이 교실 및 사회에서 규칙의 중요성을 인식하고 공정하고 합법적인 규칙을 형성하는 능력을 키우는 데 도움이 될 수 있다고 본다.

CHAPTER IX

법교육과 사회문제

법교육은 국가 사회적으로 대두되는 다양한 청소년 관련 사회문제 해결을 위해 적용 방안을 모색해 왔다. 본 장에서는 사회문제, 특히 미국 청소년 문제 해결에 대한 대안으로서 법교육이 어떻게 접근했는지 살펴본다.

1. 청소년 범죄 예방 교육으로서 법교육

1960~70년대 미국에서 청소년 범죄의 증가가 사회적 문제로 부각되었다. 당시 미국 대통령 직속 법집행 및 사법행정위원회가 확인한 바에 의하면, 청소년의 90%가 한 번 이상 법정에 설 수 있는 행동을 한다는 것이다. 또한 1965년 통계에서는 재산 범죄 대부분의 피의자는 21세 이하이고 상습 범죄율도 청소년이 가장 높다는 것이다.[1)]

동시에 학교 내에서의 범죄가 확산되고 있었다. 약물 판매, 반달리즘(vandalism), 절도, 교사·학생에 대한 폭력 등 학교 관련 범죄가 심각해짐으로써 학교가 무장 인력을 동원해 질서 유지를 시

1) Henning et al., *Law-Related Education*, 3.

도하였다.[2]

청소년의 학교 내 범죄에 대한 공식적인 관심 또한 증가하였다. 1970년대 들어 학교에서의 범죄가 중요한 사회문제로 인식되었다. 바이(Bayh) 보고서에 의하면 1970~1973년 사이 학교 내 살인 및 강간미수 범죄가 증가하고 있음을 지적하고 있다.[3]

미국변호사협회 청소년 시민성교육 특별위원회는 1975년 '미국의 법교육-미래를 위한 가이드라인(Law-Related Education in America Guidelines for the Future)'을 발표하며, 청소년 범죄를 법교육 도입의 핵심 근거로 제시하였다. 학교는 청소년 범죄에 가장 먼저 대처할 수 있는 곳이며, 가정과 학교가 교육 자원으로서 책임을 공유해야 한다고 강조하면서, 법교육이 청소년의 무관심, 분노, 반사회적 행동을 줄이는 데 기여할 수 있다고 보았다.[4]

1970년대에 청소년 범죄가 사회문제로 부각되자, 미국변호사협회 청소년 시민성교육 특별위원회의 주도하에 법교육은 청소년 범죄 예방 교육으로 자리매김하려 하였으며, 다양한 법교육 프로그램이 청소년 범죄 예방에 이바지할 수 있다는 인식이 널리 퍼졌다.

그러나 법교육은 청소년 범죄 예방에 대한 구체적인 교육 내용과 방법론이 부족했으며, 효과에 대한 실증적 근거 또한 미흡했다.[5] 이는 예방 효과 검증보다는 가설적이고 선언적인 접근에 머

---

2) Henning et al., *Law-Related Education*, 3.
3) Laura E. Agnich, "A Cross-National Study of School Violence" (PhD diss., Virginia Polytechnic Institute and State University, Blacksburg, VA, 2011), 7.
4) Henning et al., *Law-Related Education*, 3.
5) 박용조, "학교 폭력 예방을 위한 미국 법교육의 접근 방안 탐색," 『법과인권교육연구』, 제6권 제3호 (2013): 62.

물렀다는 한계를 드러낸다.

그럼에도 청소년 범죄라는 사회문제 해결을 위한 교육적 대안으로서 법교육에 대한 사회적 관심과 논의를 촉발했다는 점에서 그 의의를 찾을 수 있다.

2. 청소년 비행 예방 교육으로서 법교육

1970년대 미국에서는 청소년 범죄의 심각성에 비해 청소년 사법 시스템의 기능이 미흡하고, 취약 청소년에 대한 지원 부족 및 약물 남용 청소년에 대한 대응이 미흡하여 청소년 비행이 국가적 위협으로 인식되었다.[6] 이에 따라 미연방의회는 1974년 청소년 범죄 문제에 대한 포괄적이고 체계적인 접근을 위해 청소년 사법 및 비행 예방법(Juvenile Justice and Delinquency Prevention Act)을 제정했다.

법교육은 시민적 자질 교육이라는 성격상 청소년 비행 예방과 직접적인 관련은 적으나 효과가 있을 것이라는 가설적 접근으로 여겨졌으나, 1977년 미국 법무부가 청소년 사법 및 비행 예방법의 3개 개정안을 계기로 법교육 주관 부서로 전환되었다.

국가 청소년 사법 및 비행 예방 연구소는 청소년 범죄자 취급 및 통제에 관한 유용한 자료를 수집, 준비, 확산하기 위한 협력 센터를 제공

6) Juvenile Justice and Delinquency Prevention Act of 1974, Pub. L. No. 93-415, §101 (1974).

하는 것을 목표로 한다. 또한 연구소는 연방 및 주 의원, 지방 법집행관, 교사, 청소년 범죄자 취급 및 통제 관련 법교육 프로그램 관계자, 청소년 운동가, 개별 청소년 기관 및 조직 대표 등에게 훈련 기회를 제공하는 것을 목적으로 한다(Juvenile Justice and Delinquency Act Amendments of 1977, §241).

국가 청소년 사법 및 비행 예방 연구소는 §249, 250, 251의 규정에 의거, 법교육 프로그램 관련자를 포함한 교정 및 법집행 담당자, 교사 등 교육 담당자를 대상으로 청소년 비행 예방, 통제, 처리에 대한 최신 검증된 효과적인 방법 교육을 위한 단기 연수 등 훈육 프로그램을 계획하고 실행할 권한을 가진다(Juvenile Justice and Delinquency Act Amendments of 1977, §244).

본 조항에 따라 설정되는 훈육 프로그램 등록자는 교정 및 법집행 담당자, 교사 등 교육 담당자, 청소년 복지사, 청소년 담당 판사 및 사법 담당자, 보호관찰관, 그 외 법교육 프로그램 관련자를 포함하여 청소년 비행 예방 및 처리와 관련된 사람들 중에서 선발한다(Juvenile Justice and Delinquency Act Amendments of 1977, §248).

Ⅲ장에서 서술한 바와 같이, 법교육은 제도적으로 그 저변을 확대하게 된다. 법교육 프로그램 관계자들을 청소년 비행 예방 훈련 대상자로 명시함으로써, 법교육은 시민적 자질 교육을 넘어 청소년 비행 예방이라는 새로운 영역으로 자리매김하게 되었다. 또한 법무부 산하 청소년 사법 및 비행 예방국(Office of Juvenile Justice and Delinquency Prevention)으로부터 지속적인 지원을 받음으로써 청소년 비행 예방 정책의 기반을 다지게 되었다.

법교육의 비행 예방 효과에 대한 실증적 근거를 확보하기 위한 노력도 이루어졌는데, 청소년 사법 및 비행 예방국은 1979~1984년 5개 기관(ABA, CRF, LFS, NICEL, PAD 등)과 컨소시엄을 구성,

1981~1983년 3년간 총 36개 학교 69개 학급이 참여하는 법교육의 비행 예방 효과 검증 프로그램을 진행하여 다음과 같은 실증 평가 결과를 발표하였다.

법교육은 법교육은 학생들의 지식, 태도, 행동에 의미 있고 긍정적 효과를 미치고, 단순한 법 지식 전달만으로는 비행 예방 효과가 미약하며, 철저한 실행이 있을 때 교육 효과가 나타난다고 결론내리고 있다.[7] 또한 다음과 같은 성공적인 법교육 실천을 위한 6가지 조건을 정립하였다.[8]

- 외부 인적자원의 적절한 준비와 활용
- 양적, 질적으로 적절한 수업
- 실증적 사례 자료의 선정과 제시
- 학생의 적극적인 참여와 상호작용
- 교사를 위한 전문 동료 교사의 지원
- 학교 관리자의 참여

법교육은 단순한 시민성교육을 넘어 청소년 비행 예방 교육으로 영역을 확장하였고, 정책, 제도, 프로그램, 실증 연구가 융합된 체계적인 교육으로 발전하였다. 이 시기에 정립된 법교육의 6가지 실천 조건은 이후 법교육의 질적 기준이자 타 교육 프로그램과의 차별성을 확립하는 요소가 되었다.

---

7) 박용조, "학교 폭력 예방을 위한 미국 법교육의 접근 방안 탐색," 66.
8) Social Science Education Consortium, *Law-Related Education Evaluation*, 63-72.

1983년부터 청소년 사법 및 비행 예방국은 초·중등학교 중심의 법교육 프로그램을 전국적으로 확산하고자 '국가 연수 및 보급 프로그램'(National Training and Dissemination Program)을 시작하였다.[9] 이 프로그램은 법교육을 통해 전국의 공립 및 사립학교(K-12)에 고품질의 청소년 비행 예방 프로그램을 제공하는 것을 목표로 하였다.

3. 학교 폭력 예방 교육으로서 법교육

1990년대에 들어 청소년 사법 및 비행 예방국은 학교 현장에 법교육 프로그램을 지속적으로 보급하는 한편, 다양한 정책을 추진하였으며, 그중 하나가 청소년 폭력 예방을 위한 법교육이었다. 이러한 프로그램의 새로운 초점을 부각하고자 1994년에는 국가 연수 및 보급 프로그램을 '정의를 위한 청소년'(Youth for Justice)으로 개명하고[10] 폭력 예방을 위한 법교육을 적극적으로 추진하였다. '정의를 위한 청소년' 프로젝트에는 초등학생을 대상으로 법교육을 활용하는 '공민 교육을 통한 폭력 예방'(Violence prevention Outcomes in Civic Education: VOICE)이 포함되어 있다.

한편, 로스앤젤레스에 소재한 공민 교육 센터(Center for Civic Education)는 청소년 사법 및 비행 예방국의 지원 아래 헌법 권리 재단(Constitutional Rights Foundation)과 협력, 캘리포니아주 벨

9) Arbetman, *Developing Law-Related Education*, 1.
10) Social Science Education Consortium, *Compendium of Research*, v.

가든스 중학교(Bell Gardens Middle School)에서 법교육이 초등 고학년 및 중학생들의 특정 폭력 행동 및 위험 행동 감소에 미치는 영향을 평가하는 프로젝트를 수행하여 매우 유망한 결과를 얻었다. 공민 교육 센터는 미국 교육부의 지원을 받아 벨 가든스 프로젝트를 모델로, 학교 폭력 예방 시범 프로그램(School Violence Prevention Demonstration Program)의 연구 설계를 구성하였다.[11)]

1) 공민 교육을 통한 폭력 예방 프로그램

이 프로그램은 청소년 사법 및 비행 예방국의 지원을 받아 시카고 헌법권리재단과 미국변호사협회가 1995년부터 1998년까지 3년에 걸쳐 개발한 것이다.

이 프로그램은 청소년 폭력 문제 해결에 유망하다고 평가되는 세 가지 예방 전략, 즉 갈등 해결, 법교육, 봉사 학습을 초등 사회 과목 프로그램에 통합한 것이다. 이 프로그램의 교육과정 구성 요소는 다음과 같다.

〈표 Ⅸ-1〉 공민 교육을 통한 폭력 예방 프로그램의 교육과정 구성 요소

	갈등 해결	법교육 내용 및 방법	봉사 학습
지식	폭력 대안에 대한 이해	법, 역사, 정부에 대한 이해	민주 사회 참여

11) Louis Rosen, *School Violence Prevention Demonstration Program: May 1999-June 2000*, (Calabasas, CA: Center for Civic Education, 2001), 5.

	갈등 해결	법교육 내용 및 방법	봉사 학습
기능	개인적 중재 및 협상 기술	문제 해결 및 분석 기술, 그리고 집단 참여 기술	문제 해결 및 분석 기술, 그리고 집단 참여 기술
신념	폭력 대안에 대한 헌신	기관 및 기관 구성원에 대한 신뢰	변화를 만들 수 있는 능력에 대한 믿음
행동	갈등 해결을 위한 중재 및 협상 활용	갈등 해결을 위한 공식적이고 제도적인 수단 활용(교실 및 학교 절차, 그리고 기타 정부 절차)	책임감 있는 개인 행동 및 지역 사회 참여

출처: Kendra H. Chilcoat et al., VOICE: Violence-Prevention Outcomes in Civic Education. A Program for Elementary Social Studies (Chicago: Constitutional Rights Foundation, 1997), xiii.

이 프로그램은 초등학교 사회(주로 5학년) 교과를 대상으로 하며, 사회 수업을 보충하여 법교육, 갈등 해결, 봉사 학습 등으로 구성된 교육과정이다. 교육과정은 논리적 흐름을 갖춘 7개 단원과 50개의 수업으로 이루어져 있으며, 각 단원에는 교사용 지침과 학생용 자료가 함께 제공된다. 단원은 다음과 같다. (1) “함께 일하기: 교실에서 좋은 기반 다지기”, (2) “함께 해결하기: 갈등 중재하기”, (3) “함께 정부 만들기: 권리와 안전의 균형”, (4) “함께 법 만들기: 입법부”, (5) “법을 집행하기: 행정부”, (6) “법 해석하기: 사법부”, (7) “함께 행동하기: 봉사와 학습”. 이 교육과정은 5학년 사회 교과의 정부 관련 목표를 충족하며, 일반적인 5학년 미국사 교과서의 내용을 보충한다.[12)]

이 프로그램에서 법 교육은 핵심 요소로서, 학생들이 법의 제정, 집행, 해석 과정(입법 · 집행 · 사법)을 이해하도록 설계되었다. 법

12) Chilcoat et al., *VOICE*, Abstract.

교육은 학생들에게 권리와 책임, 안전과 규칙의 균형에 대한 이해를 제공하여 학생들이 법과 제도가 학교, 교실, 일상생활 속에서 의미 있음을 인식하도록 돕는다.

갈등 해결 및 봉사활동과 법교육의 연계를 통해 단순한 법률 지식 습득을 넘어 '책임 있고 참여적인 시민으로서의 태도' 및 '갈등을 비폭력적으로 해결할 수 있는 규칙의 가치'를 내면화하려는 시도로 볼 수 있다.

2) 학교 폭력 예방 시범 프로그램

이 프로그램은 중등 이상에 적용되었으며, 1999년부터 공민 교육 센터가 미국 교육부의 지원을 받아 시작한 연구 중심 프로그램이다.

학교 폭력 예방 시범 프로그램은 3개 세트의 자료로 구성되어 있다.

> "우리 국민…시민과 헌법(We the People… The Citizen and the Constitution)"은 미국 헌법과 권리장전의 핵심 개념 및 기본 가치를 가르친다. 이 자료는 학년별, 수준별로 제공되며, 비판적 사고 훈련, 문제 해결 활동, 협동 학습 기법 등을 통해 학생들이 책임감 있는 시민으로서 필요한 참여 기술을 함양하도록 돕는다. 이 프로그램의 최종 활동은 '모의 의회 청문회(simulated congressional hearing)'로 구성된다. 여기서 학생들은 협력 팀을 이루어, 각자의 지식을 토대로 역사적 및 현대적 쟁점에 대한 입장을 평가하고 정립하여

옹호하며, 학교 또는 지역사회의 전문 판정단 앞에서 발표를 진행한다.[13)]

"우리 국민…프로젝트 시민(We the People… Project Citizen)"은 학생들이 주 및 지방 정부에 능동적으로 참여하도록 장려하고, 유능하고 책임감 있는 시민으로서 공공 정책에 영향력을 발휘하는 방법을 익히도록 돕는다. 학생들은 공공 정책 이슈를 파악하고 연구한 후, 소그룹으로 역할을 분담하여 관련 과제를 수행한다. 각 그룹은 연구 과정, 해결책, 실행 계획이 담긴 포트폴리오를 제작하여 전문가 판정단 앞에서 구두 발표와 함께 전시한다. 이러한 활동은 학생들이 정책 결정 과정에 참여하여 실제 해결책을 제시하는 기회를 제공한다.[14)]

"민주주의의 기초(Foundations of Democracy)"는 권위(Authority), 정의(Justice), 사생활(Privacy), 책임(Responsibility)이라는 정치와 정부 이해에 필수적인 네 가지 개념을 중심으로 구성된 다학문적 교육과정이다. 특히 '권위' 수업은 프로그램의 성공적인 시행에 필수적인 요소로서, 정부와 법의 필요성을 명확히 인식하지 못하는 학생들에게 철학적 틀을 제공한다. 학생들은 해당 개념과 관련된 쟁점을 평가하고, 입장을 정립하여 옹호하는 방법을 배운다. '정의' 수업은 학생들이 사회적 혜택과 부담의 공정한 분배, 잘못과 피해에 대한 공정한 대응, 정보 수집 및 의사결정과정의 공정성을 학습하도록 구성되어 있다. '사생활' 과목은 자유 사회에서 사생활의 중요성을, '책임' 과목은 자유 사회에서의 개인적·사회적 책임

13) Rosen, *School Violence*, 4.
14) Rosen, *School Violence*, 4.

의 중요성을 학생들이 이해하도록 돕는다.[15]

이 프로그램의 3개 세트 자료는 미국 헌법과 권리장전 등 법교육의 주요 개념을 내용에 포함하며, 법교육이 지향하는 참여형 활동을 담고 있다.

프로그램 적용 결과, 학생들의 헌법과 권리장전에 대한 지식이 통계적으로 유의미하게 향상되었으며, 모든 지역에서 교사들의 헌법 및 권리장전 교육에 대한 자신감과 사기가 고취되었다는 보고가 있다.[16]

'공민 교육을 통한 폭력 예방 프로그램'과 '학교 폭력 예방 시범 프로그램'은 법교육이 폭력 예방의 단순한 보조 수단이 아닌 핵심 요소임을 시사한다. 법교육은 청소년이 폭력 대신 민주적인 방식으로 갈등을 해결하도록 돕는 기반이 되며, 폭력 예방에도 효과적이라는 가정을 전제한다.

법교육은 기존의 시민성교육이라는 역할을 넘어, 청소년 범죄·비행·폭력과 같은 사회문제의 해결 대안으로 그 영역을 확장하며 실효성을 입증하였다. 또한 학교, 청소년 사법 환경, 지역사회 등 다양한 교육 현장에 적용됨으로써 법교육의 교육적 기능 역시 한층 강화되고 있다.

15) Rosen, *School Violence*, 5.
16) Rosen, *School Violence*, 16-17.

CHAPTER X

법사회화

학생들의 법에 관한 지식과 기능, 가치 및 태도를 함양하는 법교육은 학생들이 사회 내의 규칙과 법, 그리고 법체계에 대한 태도, 신념, 행동 양식을 형성해 가는 법사회화(legal socialization) 과정의 일부이다. 법교육은 법사회화를 촉진하는 공식적인 수단이자, 학생들의 법사회화 결과에 영향을 미치는 주요 변수로 작용한다. 본문에서는 법사회화의 개념과 이론, 그리고 그것이 법교육에 시사하는 바에 대해 살펴보고자 한다.

1. 법사회화란?

사회화는 개인이 태도, 신념, 행동을 배우는 과정을 말한다. 법사회화는 사회화의 한 형태로서 규칙이나 법과 관련된 태도, 신념, 행동을 발달시키는 과정을 말하지만, 법사회화에 대한 정의는 연구자들의 관점 및 강조점에 따라 다양하게 제시되고 있다.

초기 연구에서 법사회화는 법에 대한 가치관, 태도, 그리고 행동의 발달을 의미한다.[1] 이는 인지발달이론에 기반을 둔 입장으로 개인의 발달과 성숙에 초점을 두고 있다. 점차 사회 내 법적 행위자들, 특히 그러한 법적 세력과의 관계에 대한 이해를 발달시키는 과정까지 포함시킴으로써 일반적으로 법사회화는 개인이 법, 법을 제정하는 기관, 그리고 법을 집행하는 사람들에 대한 가치관, 태도, 그리고 신념을 발달시키는 과정을 의미한다.[2] 이는 개인의 둘러싼 환경에 초점을 두고 있는 사회학습이론의 입장을 반영하여 법사회화의 개념을 확장한 것이다.

2. 법사회화의 두 가지 접근

법사회화의 개념이 본격적으로 학문적 주제로 등장한 것은 1971년 Journal of Social Issues의 특별호 "Socialization, the Law, and Society"에서부터 이다. 이 특별호에서 준 L. 탭과 로렌스 콜버그(June L. Tapp and Lawrence Kohlberg)는 법과 정의에 대한 인식의 발달(Developing Senses of Law and Legal Justice)이라는 논문을 통해 유치원부터 대학생까지 법이나 정의의 인식이 어떻게 발달하는지 탐구하고 법사회화에 미치는 함의를 논의하였다. 이와 같이 초기 연구는 법에 대한 가치, 태도, 행동의 발달에 초점을 두는 인지 발달 접근법(Cognitive Developmental Approach)이었

1) June L. Tapp and Felice J. Levine, "Legal socialization: Strategies for an Ethical Legality," *Stanford Law Review* 27 no. 1 (1974): 4.
2) Adam Fine and Rick J. Trinkner, "Legal Socialization," in *Routledge Encyclopedia of Psychology in the Real World*, ed. Regan A. R. Gurung(Abingdon, UK: Routledge, 2020), 10.

다. 그러나 최근 학자들은 인지 능력의 발달보다는 법적 권위(legal authorities)와의 상호작용에 초점을 맞추는 근본적으로 다른 접근 방식을 취하고 있다. 학생들에게 법적 절차에서 인식되는 공정성이 법집행기관 및 법체계에 대한 합법성과 협력에 어떻게 영향을 미치는지 보여주는 연구가 나타났으며,[3)] 이러한 절차적 정의 이론에 근거하여 법사회화 과정에 법적 권위가 학생들의 법 관련 가치와 태도의 내면화를 촉진하는 주요 요인이 된다고 하는 권위 관계 접근법(Authority Relations Approach)이 발달하였다. 각각의 접근을 구체적으로 살펴보면 다음과 같다.

1) 인지 발달 접근법

인지 발달 접근법은 장 피아제(Jean Piaget)의 인지 발달 이론과 콜버그(Kohlberg)의 도덕 발달 이론에 기반하고 있다. 이 접근법은 개인과 법(규칙) 간의 관계에 주목하며, 인간의 성숙 과정에 따라 인지 능력이 점진적으로 발전한다고 본다. 법사회화는 법적 추론(legal reasoning), 즉 법에 대해 개인이 사고하는 방식[4)]의 단계적 발전으로 개념화된다는 것이다. 다만, 이러한 발달 단계는 상호 배타적이거나 고정된 것은 아니며 특정 유형의 사고가 연령에 따라 더 자주 나타나기는 하지만 사람들은 삶의 어느 시점에서든 각 유형에 해당할 수 있다고 한다.[5)]

3) Jeffrey Fagan and Tom R. Tyler, "Legal Socialization of Children and Adolescents," *Social Justice Research* 18, no. 3 (2005): 219.
4) Tapp and Levine, "Legal socialization," 1.
5) Fine and Trinkner, "Legal socialization," 8,

인지 발달 접근법에서 제시하는 법 발달 단계는 다음과 같다.

- **전인습 수준**: 규칙을 준수하는 관점이 법적 판단을 이끈다.[6] 이 단계에서는 처벌을 피하고 법을 존중하는 데 관심을 보이며, 개인은 주로 도구적 관점을 통해 법을 통한 관계를 이해한다.[7]
- **인습 수준**: 규칙을 유지하는 관점이 우세하며, 주된 관심사는 법과 질서이다.[8] 경험과 인지 발달로 인한 변화를 통해 청소년은 세상의 더 복잡한 측면을 더 잘 볼 수 있게 되면서, 인습적 단계가 나타나며, 이는 사고의 질적 변화를 반영한다. 이제 청소년들은 법과의 관계를 사회적 관점에서 이해하며, 법이 사회적 상호작용을 촉진하고 사회를 조직한다는 점을 인식한다. 이 단계에서 개인은 사회의 일원으로서 자신의 역할에 대한 기대를 충족하는 데 더욱 관심을 갖게 되고, 사회에서 "선한" 사람으로서의 지위를 유지하고 사회의 이익을 위해 법과 질서를 유지하기 위해 법을 준수하는 방향으로 사고방식이 전환된다.[9]
- **후인습 수준**: 입법 또는 규칙 제정 관점이 지배적이다.[10] 개인은 법과의 관계를 개인의 자율성이라는 관점에서 바라본다. 중요한 것은 정의의 원칙과 구체적인 법 또는 사회적 관습을 더 잘 구분할 수 있다는 것이다. 결과적으로 개인은 정의와

6) June L. Tapp, and Lawrence Kohlberg, "Developing Senses of Law and Legal Justice," *Journal of Social Issues* 27, no. 2 (1971): 69.
7) Fine and Trinkner, "Legal socialization," 7-8.
8) Tapp and Kohlberg, "Developing Senses," 69.
9) Fine and Trinkner, "Legal socialization," 8.
10) Tapp and Kohlberg, "Developing Senses," 69.

도덕적 타당성의 관점에서 현재 법의 구현, 즉 형사 사법 제도와 그 기관(예: 경찰)을 평가할 수 있다. 인지 발달적 관점에서 볼 때, 이러한 비판적 평가는 본질적으로 부당한 법률, 심지어 사회의 많은 사람들이 지지하는 법률에 대해 사람들이 목소리를 내고 불복종하도록 자극한다.[11)]

인지 발달 접근법은 1970년대부터 1990년대까지 법사회화 연구에 큰 영향을 미쳤고, 특히 아동기와 청소년기를 법적 발달의 중요한 시기로 부각시킨 점이 큰 공헌으로 평가된다. 아동기부터 형성된 법과 법적 권위에 대한 태도는 성인기의 법 관련 행동에까지 영향을 미치는 지속적인 효과를 갖는다는 점에서 오늘날에도 이론적 토대가 된다.

2) 권위 관계 접근법

권위 관계 접근법은 절차적 정의 이론을 기반으로 하며, 경찰, 판사 및 검사, 보호 관찰관, 교사나 학교 관리자, 기타 제도적 권위자와 같이 법을 집행하고, 해석하고, 적용하는 권한을 가진 사람이나 기관인 법적 권위들과의 경험이나 상호작용 방식이 청소년의 법에 대한 태도에 영향을 끼친다는 것이다. 즉, 법적 권위는 법 관련 가치와 태도의 내면화를 이끄는 주요 행위자가 되는 것이다.[12)]

11) Fine and Trinkner, "Legal socialization," 8.
12) Fine and Trinkner, "Legal socialization," 8.

이 접근법에서는 법 집행 과정에서의 공정한 절차(예: 존중, 공정성, 선의의 존중과 의사결정)가 법의 정당성을 촉진하고, 법에 대한 냉소주의를 방지하는 역할을 한다고 본다. 이러한 정당성과 냉소주의는 다시 법적 권위가 시민들의 자발적 준수와 협조를 유도하는 능력을 강화하고 유지하는 데 중요한 역할을 한다.[13)]

청소년들의 법사회화 과정에서 법적 정당성을 향상시키기 위해 청소년들과 법적 권위와의 상호작용 전략을 톰 R. 타일러(Tom R. Tyler)와 릭 J. 트린크너(Rick J. Trinkner)는 다음과 같이 두 가지 지향으로 구분하고 있다.

- **강압적 지향**: 이 접근은 사람들은 보상을 극대화하고 처벌을 최소화하는 범위 내에서 행동한다[14)]는 합리적 선택이론에 기반한다. 처벌에 대한 위협과 두려움에 의존하여 사람들이 법을 어길 경우의 위험을 인식하도록 한다. 이러한 방식은 범죄 억제를 목표로 하는 전통적인 전략들(경찰 배치 강화, 구금 가능성 증가, 형벌의 엄격함 강화)에서 볼 수 있다.[15)] 처벌과 제재에 기반하여 명령과 통제를 통해 복종을 강요하며, 두려움과 지배에 의존함으로써 청소년과 법적 권위 간 불안정한 관계를 조장한다. 결국 법적 권위에 대한 거부와 저항을 초래하게 된다.

13) Fine and Trinkner, "Legal socialization," 8.
14) Rick J. Trinkner and Tom R. Tyler, "Legal Socialization: Coercion versus Consent in an Era of Mistrust," *Annual Review of Law and Social Science* 12 (2016): 425.
15) Trinkner and Tyler, "Legal Socialization," 426.

- **합의적 지향:** 이 접근은 사람들의 행동은 옳고 적절한 권위에 대한 내면화된 신념에 의해 동기 부여가 가장 잘 일어난다는 가정에 기반하고 있다.[16] 이러한 관점에서 사람들은 법이 사회를 질서 있게 유지하는 데 있어 중요한 역할을 하며, 법이 규칙을 만들고 행동을 통제할 정당한 권한을 가진 존재임을 인식한다. 따라서, 이와 같은 태도를 가진 사람들은 자신의 행동이 가져올 위험이나 보상보다는, 법을 수용하고 법적 권위에 따를 책임감을 더 중요하게 여긴다.[17] 가치 기반의 이해를 바탕으로 청소년과의 협력과 참여를 강조하며, 법에 대한 긍정적 가치를 내면화하도록 유도하여 자발적 법 준수를 촉진한다. 이는 법적 권위와 안정적인 관계를 형성하고 사회 통제 수단으로 권위의 수용을 가능하게 한다.

권위 관계 접근법은 권위자와 청소년 간 상호작용의 중요성을 강조하며, 법 집행 기관의 절차적 공정성이 법의 정당성과 준수에 미치는 영향을 실증적으로 뒷받침한다. 특히 아동기부터 시작되는 정당성 증진 노력의 중요성을 부각시켰다. 그러나 강압적 전략과 합의적 전략이라는 이분법적 구분은 현실에서는 복합적으로 작용하는 경우가 많아 단순화의 한계를 갖는 것도 사실이다.

16) Trinkner and Tyler, "Legal Socialization," 427.
17) Trinkner and Tyler, "Legal Socialization," 427.

3. 법사회화 이론과 법교육

이상과 같은 법사회화 이론을 통해 확인되는 두 가지 중요한 접근과 이들 각각이 법교육에 주는 시사점은 다음과 같다.

첫 번째는 인지 발달 접근법에서 제시하는 법 규범의 내면화이다. 규범의 내면화를 통하여 개인은 옳고 그름에 대한 감각을 발달시킨다는 것이다.[18] 이는 법과 규칙을 단순히 외부의 강제력이 아닌 내면적 가치와 연결된 기준으로 받아들이는 과정이 필요하다는 것을 시사한다. 법교육은 법을 도덕적, 사회적 가치와 연결지어 이해할 수 있도록 해야 한다는 것을 알려주고 있다.

두 번째는 권위 관계 접근법에서 제시하는 법적 권위에 대한 긍정적 지향의 발달이다. 법적 권위자는 개인과 직접 접촉하고 책임감 있는 규칙 집행을 통해 법사회화를 촉진하기 때문에 법사회화의 핵심이며, 개인이 권위에 대해 긍정적인 지향을 가질 때 이들의 법사회화를 위한 노력에 더 잘 반응한다는 것이다.[19] 법교육은 학생들이 공정한 규칙 집행을 체험하고 법적 권위자에 대한 긍정적인 경험을 할 수 있도록 설계되어야 한다는 것을 시사하고 있다.

인지 발달적 접근법과 권위 관계 접근법은 동일한 과정의 서로 다른 측면을 이야기하고 있을 가능성도 있다. 법적 추론의 복잡성이 권위자의 행동을 공정성 측면에서 인식하는 방식에 영향을 줄

18) Rick J. Trinkner and Ellen S. Cohn, “Putting the ‘Social’ Back in Legal Socialization: Procedural Justice, Legitimacy, and Cynicism in Legal and Nonlegal Authorities,” *Law and Human Behavior* 38, no. 6 (2014): 602.

19) Trinkner and Cohn, “Putting the ‘Social’ Back,” 603.

수 있다. 반대로, 권위자에 의한 지속적인 불공정한 대우는 추론 능력의 발달에 체계적으로 영향을 줄 수 있다.[20] 이러한 상호작용의 이해를 바탕으로 법 규범의 내면화와 법적 권위자와의 긍정적 상호작용을 촉진하는 방안의 모색이 필요하다.

20) Trinkner and Cohn, "Putting the 'Social' Back," 616.

참고문헌(Bibliography)

국문 자료

곽한영. "교육연극으로서 모의재판 수업모형의 재구성." 『법교육연구』 9, no. 1 (2014): 1-25.

교육과학기술부. 『사회과 교육과정』. 교육과학기술부 고시 제2012-14호. 경기: 우신기획, 2012.

———. 『초・중등학교 교육과정 총론』. 교육과학기술부 고시 제2012-31호 (2012.12.13.). 2012.

교육부. 『사회과 교육과정』. 교육부 고시 제1997-15호 [별책 7]. 서울: 대한교과서주식회사, 1997.

———. 『사회과 교육과정』. 교육부 고시 제2015-74호 [별책 7]. 국가교육위원회 고시 제2024-1호 일부개정 포함. 서울: 대한교과서주식회사, 2024.

———. 『사회과 교육과정』. 교육부 고시 제2018-162호 [별책 7]. 교육부 고시 제2018-162호 [별책 7]. 교육부 고시 제2015-74호의 일부개정 포함. 2018.

———. 『사회과 교육과정』. 교육부 고시 제2022-33호 [별책 7]. 국가교육위원회 고시 제2024-3호 일부개정 포함 (2024.8.26.). 2024.

———. 『2015 개정 교육과정 총론 해설-초등학교』. 서울: (사)한국장애인문화인쇄협회, 2016.

———. 『2022 개정 교육과정 총론 해설 초등학교』. 교육부 고시 제2022-33호 (2022.12.22.). 2022.

———. 『국제 계열 전문 교과 교육과정』. 교육부 고시 제2015-74호 [별책 24]. 국가교육위원회 고시 제2024-1호 일부개정 포함. 2024.

교육인적자원부. 『사회과 교육과정』. 교육인적자원부 고시 제2007-79호. 서울: 대한교과서주식회사, 2007.

———. 『중학교 교육과정 해설(Ⅱ)』. 서울: 대한교과서주식회사, 1999.

곽병선 외. 『초등학교 교육과정 해설』. 문교부령 고시 제87-9호. 서울: 교육과학사, 1987.

문교부. 『교수요목집(12) 중학교 사회생활과』. 서울: 조선교학도서주식회사, 1948.

박용조. "한국 학교 법교육의 전개 양상." 『사회과교육연구』 6, no.2 (2009): 1-27.

______. "초등사회과에서 법교육의 적용과 변천—미국 법교육이 주는 시사." 『사회과교육연구』 18, no. 1 (2011): 19-33.

______. "사회과 법교육에서 인적자원 활용의 논리—미국 법교육을 중심으로." 『미국헌법연구』 22, no. 3 (2011): 149-181.

______. "사회과 교과서의 판례 활용 유형 연구-미국 법교육을 중심으로." 『법과인권교육연구』 10, no. 3 (2017): 123-160.

______. "법교육지원법에 근거한 한국 학교 법교육의 전개와 특성." 『법과인권교육연구』 12, no. 2 (2019): 45-72.

박원규 외. 『중・고등학생을 위한 수준별 모의재판 시나리오 개발에 관한 연구』. 서울: 대법원 사법정책연구원, 2015.

______. 『각급 법원의 중・고등학생 법원체험 프로그램용 모의재판 시나리오 및 지도안』. 서울: 대법원 사법정책연구원, 2015.

법무부. 『법교육 사업 주요 자료』. 2005.

법무부・법교육연구위원회. 『우리나라 법교육의 발전방향』. 서울: 대한교과서(주), 2006.

이유봉. 『2023년 국민법의식 실태조사』. 세종: 한국법제연구원, 2024.

이대성. "모의재판 적용을 통한 법적 기능 신장-중학교 3학년 학생을 대상으로-." 『사회과교육연구』 6 (1999): 79-114.

이주영 외. 『법교육지원법안』. 이주영의원 대표 발의, 2007.

조선어학회. 『초등공민 제오륙학년함께씀』. 서울: 조선서적인쇄주식회사, 1945.

최용규. "사회과 중등교육과정론." 『한국사회과교육학개론』. 한국사회과교육연구회 편. 서울: 교육과학사, 1989.

최용규 외. 『사회과 교육과정에서 수업까지』. 서울: 교육과학사, 2014.

https://ncic.re.kr/index.cs

영문 자료

Alexander, Mark C. "Law-Related Education: Hope for Today's Students." *Ohio Northern University Review* 20 (1993): 57-97.

American Bar Association. *Essentials of Law-Related Education: A Guide for Practitioners and Policymakers*. Chicago, IL: American Bar Association, 1995.

______. *A More Perfect Union: An Introduction to Law-Related Education. Presenter's Guide*. Chicago, IL: National Law-Related Education Resource Center, 1992.

American Bar Association ABA Division for Public Education. "Rules, Rules, Rules." Accessed September 25, 2025. https://www.americanbar.org/groups/public_education/resources/lesson-plans/middle-school/constitution/rules—rules—rules/.

Byford, Jeff, Sean Lennon, and William B. Russell Ⅲ. "Teaching Controversial Issues in the Social Studies: A Research Study of High School Teachers." *The Clearing House* 82, no. 4 (2009): 165-170.

Carrington, Willie Patrick. *The Magnet School Program As a Desegregation Tool in School Districts Receiving Federal Funds From the Magnet Schools Assistance Program in 1995*. PhD diss., Virginia Tech, 2001.

Case, Roland. *On the Threshold: Canadian Law-Related Education*. Vancouver: University of British Columbia, 1985.

Chesteen, Richard D. *A Report on National Programs in Citizenship and Law-Related Education*. Martin, TN: University of Tennessee, 1980.

Classroom Law Project, Mock Trial in the Classroom: Activity Framework & Guide, Accessed July 23, 2025, https://civicslearning.org/wp-content/uploads/2019/03/Mock-Trial-in-the-Classroom-Activity-Guide.pdf.

Croddy, Marshall. "Constitutional Rights Foundation – An Anecdotal History." *Teach Democracy*. Accessed July 23, 2025. https://teachdemocracy.org/50th/50th-year/constitutional-rights-foundation-an-anecdotal-history.

Davison, Susan E. "Curriculum Materials and Resources for Law-

Related Education." *Social Education* (March 1977): 184-193.

Elam, Stanley M. "Anti-Democratic Attitudes of High School Students in the Orwell Year." *Phi Delta Kappan* 65 (January 1984): 327-332.

Fagan, Jeffrey, and Tom R. Tyler. "Legal Socialization of Children and Adolescents." *Social Justice Research* 18, no. 3 (2005): 217-241.

Feinstein, Sherry, and Robert W. Wood. *History of Law-Related Education*. Vermillion, SD: School of Education, University of South Dakota, 1995.

Fine, Adam, and Rick J. Trinkner. "Legal Socialization." In *Routledge Encyclopedia of Psychology in the Real World*, edited by Regan A. R. Gurung. Abingdon, UK: Routledge, 2020.

Fisher, Margaret E. *Putting on Mock Trials*. Chicago: Division for Public Education, American Bar Association, 2002.

Fox, James W., Kevin I. Minor, and J. B. Wells. "Three Faces of Law-Related Education: Toward a Clarification of Definition." In *Law-Related Education and Juvenile Justice: Promoting Citizenship among Juvenile Offenders*, edited by Deborah Williamson, Kevin I. Minor, and James Walker Fox, 16-27. Springfield, IL: Charles C Thomas Publisher, Ltd., 1997.

Henning, Joel F., et al. *Law-Related Education in America: Guidelines for the Future*. Washington, DC: U.S. Department of Education, 1975.

Khanlian, John F., and Katherine L. Wallin. *State Government: The Decision-Making Process*. Minneapolis: Institute for Political and Legal Education, Educational Improvement Center, 1975.

Knepper, Paul. "Three Decades of Law-Related Education." In *Law-Related Education and Juvenile Justice: Promoting Citizenship among Juvenile Offenders*, edited by Deborah Williamson, Kevin I. Minor, and James Walker Fox, 5-15. Springfield, IL: Charles C Thomas Publisher, Ltd., 1997.

Leming, Robert S., and Lucinda J. Peach. *Guide to Resources in Law-Related Education*. Bloomington, IN: Social Studies Development

Center of Indiana University, 1990.

Moskowitz, Douglas, and Jason Scurti. *U.S. Supreme Court Decisions: A Case Study Review for U.S. History and Government. A Student and Teacher Guide*. Albany, NY: New York State Bar Association, 1989.

Nessel, Paula A. *Law Magnet Programs, Technical Assistance Bulletin 15*. ED402234. Chicago, IL: American Bar Association, Special Committee on Youth Education for Citizenship, 1996.

______. "Law Magnet Programs." *ERIC Digest*. ED411178. Bloomington, IN: ERIC Clearinghouse for Social Studies/Social Science Education, 1996.

O'Brien, Joseph E. *An Analysis of the Relationship Between the Federal Government and National Law-Related Education Projects-1962-1987*. PhD diss., University of Virginia, 1991.

Pace, Judith L. "How Can Educators Prepare for Teaching Controversial Issues? Cross-National Lessons." *Social Education* 85, no. 4 (2021): 228-233.

Pereira, Carolyn. "Law-Related Education in Elementary and Secondary Schools." *ERIC Digest*. Bloomington, IN: ERIC Clearinghouse for Social Studies/Social Science Education, 1988.

Repa, Barbara K., and Charlotte C. Anderson. "Teaching About the Supreme Court." *Social Education* (January 1985): 74-75.

Social Science Education Consortium. *Law-Related Education Evaluation Project, Final Report. Phase II, Year 3*. Washington, D.C.: National Institute for Juvenile Justice and Delinquency Prevention, 1984.

______. *Compendium of Research Supporting Law-Related Education Part II: Alternative Conceptions/Applications of Law-Related Education*. Boulder, CO: Social Science Education Consortium, 1998.

Speirs, Verne L. *Law-Related Education: Making a Difference*. Washington, D.C.: Office of Juvenile Justice and Delinquency Prevention, U.S. Department of Justice, 1985.

Starr, Isidore. "The Law Studies Movement: A Memoir." *Peabody Journal of Education* 55, no. 1 (1977): 6-11.

______. "Reflections on Law Studies in the Schools Today." In *Reflections on Law-Related Education*, edited by Susan Davison, 13. Chicago, IL: American Bar Association, 1973.

______. "The Case for the Case Study Approach." *Update on Law-Related Education* 1, no. 2 (Fall 1977): 11–15.

Structured Academic Controversy, Accessed October 25, 2025, https://www.oregon.gov/ode/students-and-family/equity/NativeAmericanEducation/Documents/SB13%20Curriculum/CurryStructuredAcademicControversy.pdf.

Tapp, June L., and Felice J. Levine. "Legal Socialization: Strategies for an Ethical Legality." *Stanford Law Review* 27, no. 1 (1974): 1-72.

Tapp, June L., and Lawrence Kohlberg. "Developing Senses of Law and Legal Justice." *Journal of Social Issues* 27, no. 2 (1971): 65-91.

Trinkner, Rick J., and Ellen S. Cohn. "Putting the 'Social' Back in Legal Socialization: Procedural Justice, Legitimacy, and Cynicism in Legal and Nonlegal Authorities." *Law and Human Behavior* 38, no. 6 (2014): 602-617.

Trinkner, Rick J., and Tom R. Tyler. "Legal Socialization: Coercion versus Consent in an Era of Mistrust." *Annual Review of Law and Social Science* 12 (2016): 417-439.

Ward, Latia. "From the Field: Law-Related Education as a Branch of Civics Education in the United States." *International Journal of Public Legal Education* 6, no. 1 (2022): 27.

"Students as Citizens." *ASCD Educational Leadership*, June 1, 2007. Accessed October 27, 2025. https://ascd.org/el/articles/students-as-citizens.

"*In Memoriam: Isidore Starr (1911–2018).*" *National Council for the Social Studies*. Accessed October 25, 2025. https://www.socialstudies.org/tssp/memoriam-isidore-starr-1911-2018.

찾아보기

[인물]

[내용]

저자 약력

박용조

현재 진주교육대학교 사회과교육과 교수로 재직 중이다. 서울교육대학과 성균관대학교 법학과를 졸업했으며, 한국교원대학교에서 사회과교육 전공으로 석사와 박사 학위를 취득하였다. 한국법과인권교육학회장, 한국사회교과교육학회장, 국정교과서 초등사회 편찬위원장, 법무부 법교육위원회 부위원장 등을 역임했다. 주요 저서로는 『사회과, 교육과정에서 수업까지』(공저, 교육과학사, 2014), 『多文化共生社會に生きる』(공저, 明石書店, 2019), 『초등학교 사회』 교과서(공저, 천재교과서, 2023) 등이 있다. 현재 법교육과 사회과교육 분야에서 교육과정 및 교수법을 중심으로 연구를 진행하고 있다.

법교육의 이해와 실제

2025년 12월 25일 1판 1쇄 인쇄
2025년 12월 31일 1판 1쇄 발행

저 자: 박 용 조
발 행 인: 한 정 주
발 행 처: 교육과학사

저자와의 협의하에 인지생략

경기도 파주시 광인사길 71
전화 (031)955-6956~8 / 팩스 (031)955-6037
Home-page: www.kyoyookbook.co.kr
E-mail: kyoyookbook@daum.net
등록: 1970년 5월 18일 제2-73호

낙장 · 파본은 교환해 드립니다. **정가 18,000원**
Printed in Korea. ISBN 978-89-254-1957-2